理论热点面对面

强信心 促发展

★ 中共中央宣传部理论局

文化遗产保护 进一步全面深化改革 两个结 经济形势 新质生产力 科技自立自强 人民福 社会心态 经济全球化

学习出版社
人民出版社

出版说明

为把学习贯彻习近平新时代中国特色社会主义思想和党的二十届三中全会精神不断引向深入，帮助和引导干部群众全面辩证看待经济社会发展形势，进一步增强对中国发展的信心，更加自觉地把思想和行动统一到党中央重大判断和决策部署上来，我们在深入调研的基础上，组织编写了2024年通俗理论读物《强信心　促发展》。本书立足广大干部群众的思想实际，紧密结合新时代党和国家事业取得的历史性成就、发生的历史性变革，注重从学术基础、实践导向、国际视野、历史维度等方面着力，对9个重大问题进行了深入浅出的回答，力求在道理上学理上把问题讲清楚讲透彻，讲得更有说服力和亲和力，是干部群众、青年学生开展理论学习和思想政治教育的重要辅助读物。

中共中央宣传部理论局

2024年12月

目　录

1 又一次的思想解放

——如何理解“两个结合”特别是“第二个结合”的深远意蕴？

德国诗人海涅有句名言：“思想走在行动之前，就像闪电走在雷鸣之前一样。”回望历史，人类社会每一次重大跃进，人类文明每一次重大发展，无不以思想的解放、观念的更新作为“开路先锋”。对中国和中国共产党来说，把马克思主义基本原理同中国具体实际相结合、同中华优秀传统文化相结合，就具有这样解放思想的重大意义。正是在坚持“两个结合”过

程中，中国共产党一次次地摆脱了思想上各种不合时宜的束缚禁锢，拓展了通向真理的道路，形成独具特色的道路、理论、制度、文化，成就今天党和人民事业的辉煌气象。只有深刻理解“两个结合”特别是“第二个结合”，我们才能以更加开阔的视野和更加宏大的格局理解历史中国、当代中国，以更加充沛的信心和勇气走向未来中国。

◇“最大法宝”的伟力

“法宝”，一般是指神话传说中能产生神奇威力的宝贝。1939 年 10 月，毛泽东同志在《〈共产党人〉发刊词》中把统一战线、武装斗争、党的建设喻为我们党在中国革命中战胜敌人的“三个法宝”。自此，“法宝”被我们党用来形容独有的有

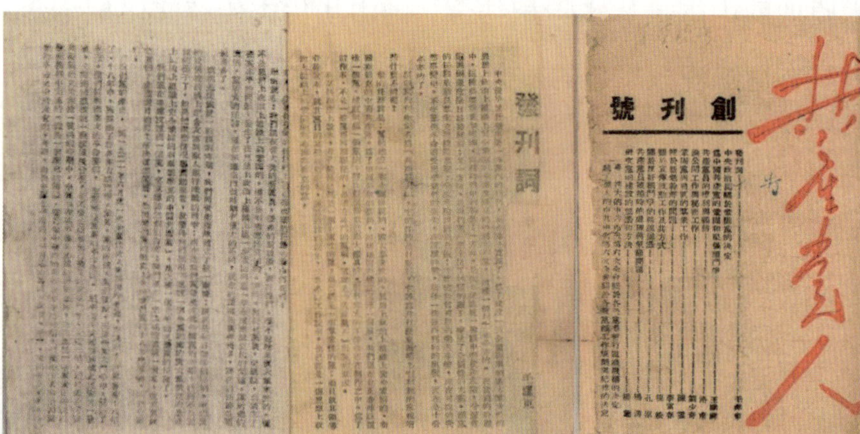

《〈共产党人〉发刊词》

效方法，“改革开放”“实事求是”“集中力量办大事”等都被称为“法宝”。2023 年 6 月，习近平总书记在文化传承发展座谈会上指出：“历史正反两方面的经验表明，‘两个结合’是我们取得成功的最大法宝。”那么，“两个结合”何以被称为“最大法宝”？它的巨大威力究竟何在？

“两个结合”是我们成功走出中国特色社会主义道路的关键所在。马克思主义深刻揭示了人类社会发展规律，是认识世界、改造世界的科学真理。对中国共产党人来说，问题在于如何正确运用马克思主义，使真理的种子在中国大地生根发芽，进而把它转化为改变中国的现实力量。很显然，照搬照抄、机械套用无论在理论上还是在实践中都行不通。马克思恩格斯当年面对的是一个资本主义快速发展的西欧社会，列宁面对的是一个农奴制与资本主义并存的俄国，他们在特定历史条件下对具体问题作出的具体结论不总是适用于中国。中国有着自己独特的文化传统、独特的历史命运、独特的现实国情，欲用马克思主义真理力量指引和改造中国，就要“使得马克思列宁主义这一革命科学更进一步地和中国革命实践、中国历史、中国文化深相结合起来”。

事实正是如此。在坚持“两个结合”的过程中，我们党找到了中国革命、建设、改革的正确道路，取得了举世瞩目的伟大成就。新民主主义革命时期，“马克思列宁主义的普遍真理一经和中国革命的具体实践相结合，就使中国革命的面目为之一新”，从农村包围城市、武装夺取政权道路的开辟到实事求是思想路线、独立自主原则的形成，都是其生动体现和展开，引领中国革命浩荡向前。新中国成立后，人民代表大会制度、中国共产党领导的多党合作和政治协商制度、民族区域自治制度等，既结合中国实际创造性地运用了马克思主义的群众史观、国家理论和民族理论，又与中华文明的民本思想、天下共治理念、大一统传统相契合，有力维护了人民当家作主和国家团结稳定；集体主义的道德观念与家国情怀传统一经结合，便激发起广大人民群众投身社会主义建设热潮的壮志豪情。改革

中华人民共和国第一届全国人民代表大会第一次会议于 1954 年 9 月 15 日在北京中南海怀仁堂开幕。图为出席会议的代表步入会场。

开放后，党领导人民在社会主义现代化建设实践中提出的“小康社会”“一国两制”“以德治国”“和谐社会”等重大理念和政策，体现了马克思主义精髓、中国发展实际、中华传统智慧的有机统一，彰显了社会主义的“中国特色”，推动中国大踏步赶上时代。

新时代党和国家的事业之所以取得历史性成就、发生历史性变革，一个重要原因就是我们坚持了“两个结合”。“中国梦”“全面小康”“共同富裕”“中国式现代化”“人类命运共同体”“全人类共同价值”……这些贯通马克思主义精髓和中华文化精华的重大理念，生动说明我们党的理念和目标不仅具有科学的理论内涵，而且深深融汇于中华民族的历史文化血脉之中，兼具强大而深厚的真理力量、道义力量。比如，脱贫攻坚目标中的“不愁吃、不愁穿”，既体现了对中国脱贫实际情况的深刻考量，也是中国传统文化中“但愿苍生俱饱暖”民生理想的鲜活表达，具有很强的感召力和文化底蕴；在生态文明建设中，习近平总书记用“望得见山、看得见水、记得住乡愁”这样颇具文化韵味的论述，生动说明中华大地的山山水水，不仅是我们生于斯、长于斯的生存空间，也是安放我们内心世界的精神家园；在外交领域，中国提出构建人类命运共同体、弘扬全人类共同价值等，是对马克思主义世界历史理论的丰富发展，也是中华文明突出的和平性和中华民族天下大同、协和万邦交往之道的时代体现……藉于此，党的创新理论更加深入人

《习近平谈治国理政》多语种图书出版发行以来在海外引发热烈反响，成为国际社会理解中国共产党治国理政理念和实践的重要窗口。

心，党的路线方针政策更能凝聚民心，中国理念和中国智慧更好传扬四海。

正如习近平总书记所指出的："我们的社会主义为什么不一样？为什么能够生机勃勃、充满活力？关键就在于中国特色。中国特色的关键就在于'两个结合'。"我们的道路、理论、制度、文化都是坚持"两个结合"发生深刻"化学反应"的产物，我们的优势、智慧和力量也来源于此。从这个意义上讲，"两个结合"是我们过去取得成功的"最大法宝"，也是未来创造更大辉煌的必由之路。

◇ 思想文化上的新觉醒

从思想文化的角度讲，“两个结合”是我们党以高度的理论自觉、文化自信重新认识中国和世界的过程，是思想上的革故鼎新、文化上的返本开新。“第一个结合”体现了主观与客观、理论与实践具体的历史的统一，把我们从教条主义、主观主义的禁锢中解放出来，让我们懂得了什么是实事求是、独立自主，延安整风、真理标准问题大讨论等都当属此列；“第二个结合”则让我们重新审视传统与现代、中国与西方的关系，把我们从文化虚无主义、西方中心主义的束缚中解放出来，有力回应和破解了“古今中西之争”，让我们明白了什么是守正创新、自信自强，堪称又一次的思想解放和文化觉醒。

“第二个结合”的提出有着十分重大的意义。如果将1938年毛泽东同志在党的扩大的六届六中全会上提出“马克思主义必须和我国的具体特点相结合”作为“第一个结合”产生的标志，那么到2021年习近平总书记在庆祝中国共产党成立100周年大会上正式提出“第二个结合”，已然历经了80多年。虽然“第一个结合”，即“把马克思主义基本原理同中国具体实际相结合”中的“中国具体实际”包含着中华优秀传统文化，此前我们党的理论和路线方针政策也体现着“第二个结合”的

中国国家版本馆担负着赓续中华文脉、坚定文化自信、展示大国形象、推动文明对话的重要使命，目前已将古今中外载有中华文明印记的十大类版本资源纳入保藏范围。图为坐落于北京市昌平区燕山脚下的中国国家版本馆中央总馆。

要求，但是一直没有明确地、系统地并列提出。从“一个结合”到“两个结合”，反映了我们党对中华文化、中国历史乃至人类文明发展有了更为深刻和理性的认知，标志着全党全社会在思想文化上新的觉悟、新的觉醒。

——“第二个结合”极大解除了历史虚无主义、文化虚无主义的思想干扰，让我们在坚持文化主体性中阔步走向中国式现代化。如何对待中国传统文化、如何使其与现代社会相适应，这是近代以来一直萦绕在国人心中的大问题。长期以来，由于多方面的原因，人们对我国传统文化有许多不同看法。五四时期，学术界、思想界对我国传统文化进行了不同程度的批判，提出了“打倒孔家店”的口号。“文化大革命”时期，我国传统文化遭到了全面批判。在民族走向复兴、国家走向现代化的历史进程中，中国人从近代以后巨大的文化落差中走出来，以更为理性客观的态度重新认识自己的历史文化，重新审视传统中国和现代中国的关系。

从“第二个结合”的视角来看，传统与现代并非简单的对立或断裂关系，而是有着更为复杂的内在联系。现代社会与传统社会的确有很大不同，许多时候确实需要超越传统，否则就谈不上发展进步。但现代对于传统的超越是继承基础上的扬弃，而非砸烂颠覆式的重建，现代社会的很多重要元素都是从传统中演化而来的。哲学家雅斯贝尔斯认为，文明的飞跃必须经由传统的苏醒，“人类一直靠轴心期所产生、思考和创造的一切而生存。每一次新的飞跃都回顾这一时期，并被它重燃火焰”。“第二个结合”否定了将传统中国与现代中国截然割裂的片面立场，贯通了中华优秀传统文化和中国特色社会主义，表明中国式现代化是中华民族的旧邦新命。

——“第二个结合”有力破除了对西方文明和西方中心主义的迷信，为人类发展进步开辟了新的道路和方向。在后发国家的现代转型中，“现代化 = 西方化”在很长一段时间内

轴心时代

德国哲学家雅斯贝尔斯在《历史的起源与目标》一书中写道，公元前 800 年至公元前 200 年是人类文明的“轴心时代”，是人类文明精神的重大突破时期，当时古代希腊、古代中国、古代印度等文明都产生了伟大的思想家，他们提出的思想原则塑造了不同文化传统，并一直影响着人类生活。

都被认作颠扑不破的真理。从文化文明的视角看，洋务运动的“中体西用”、戊戌变法的“托古改制”、辛亥革命的“民主共和”、新文化运动的“德先生”“赛先生”，都反映了不同时期中国人对西方文明的认知，甚至有人认为中国走向现代化的过程就是反叛传统、学习西方的过程。然而事实证明，西方现代文明在创造巨大财富的同时，带来了许多自身难以克服的矛盾，造成了人与自然关系的紧张、人与社会之间的对立、人与人距离的疏远，以及人内心世界的失落等严重问题。

在寻求这些问题的纠治之道时，越来越多的人把目光投向中国和中华文化。20 世纪 70 年代，英国史学家汤因比和日本学者池田大作针对东西方文化以及人类未来讨论了近两年，最终得出的结论是人类的未来在于东方的中国，中华文化会引领全球。经由“两个结合”特别是“第二个结合”而形成的新文化成为中国式现代化的文化形态，既彰显了马克思主义对人类未来发展的正确指引，又蕴含着中华优秀传统文化对身心、人我、群己、家国、天人等重大问题的深沉思考，让变乱交织的世界、踟蹰前行的人类文明看到了新的曙光和希望。特别是中国式现代化蕴含着独特的世界观、价值观、历史观、文明观、民主观、生态观，昭示了一条更为合理、更为人文、更为光明的文明发展道路，为推动世界现代化进程、促进人类文明发展进步提供了中国智慧。

由此可见，“第二个结合”极大拓宽了我们的历史文化视野，为我们在更深层次上理解历史中国、认识现实中国、把握未来中国提供了一把“金钥匙”，让我们对何以中国、何为中国特色有了更为深刻透彻的认识，大大增强了全党全国各族人民的历史自信、文化自信。

首届世界古典学大会在北京召开

古典文明是人类文明突起的高峰和永亮的灯塔。2024年11月，首届世界古典学大会在北京召开。来自全球30多个国家和地区的485位专家学者围绕“古典文明与现代世界”这一主题，开展深入的思想碰撞与研讨交流，有助于进一步激活蕴藏于古典之中的伟大传统和智慧。图为首届世界古典学大会现场。

◇ 精神上的独立自主

独立自主是中华民族的精神之魂，是我们立党立国的重要原则。相比于经济、政治、军事、外交等方面的独立自主，精神上的独立自主更为深层、更加持久、更有韧性。梁启超曾说："凡一国之能立于世界，必有其国民独具之特质。上自道德、法律，下至风俗、习惯、文学、美术，皆有一种独立之精神。祖父传之，子孙继之，然后群乃结，国乃成。""两个结合"特别是"第二个结合"，鲜明地体现着精神上的独立自主。

我们精神上的独立自主从哪里来？很重要的就是从中华民族创造的灿烂文明中来，从我们传承千年的文化主体性中来。中华文明具有突出的连续性、创新性、统一性、包容性、和平性，这

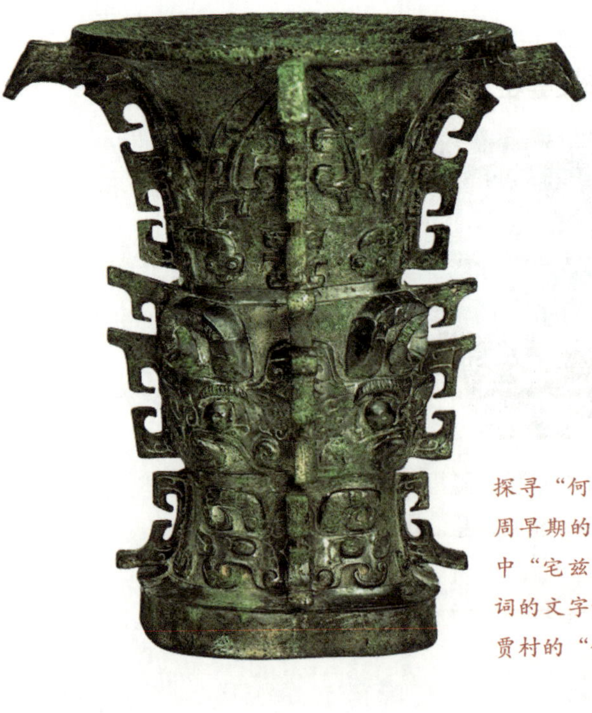

探寻"何以中国"，必然绕不开"何尊"。这件西周早期的青铜尊，内底部铸有122字的铭文，其中"宅兹中国"就是迄今发现最早的"中国"一词的文字记载。图为1963年出土于陕西省宝鸡市贾村的"何尊"。

些文明特性从历史开端处就决定了我们文明的个性与高度，塑造了中华文明独特的“文化自我”。夏商周三代，中华文明已经初步确立了自身的价值观念和理想，开始形成自立、自主、自觉的历史意识和政治理性，深刻影响着此后中国绵延2000多年的经史、政教传统的根本走向。《周易》《尚书》《道德经》《论语》《孟子》等一部部原典之作，奠定了中华民族的思想根基，塑造了独属于我们这个民族的精神气质。从“炎黄”到“华夏”再到“中华”，中华民族海纳百川、博采众长，在漫长的历史积淀中创造了多元一体的璀璨文明。中华文明是中华民族的独特精神标识，是我们生而为中国人的根本所在。从一定意义上讲，中国不是西方概念中被建构出的民族国家，而是一个以国家形态发展至今的伟大文明。

近代以后，面对西方列强的坚船利炮和文化冲击，中国遭遇了所谓的“三千余年一大变局”，中华民族不仅面临着国家蒙辱、人民蒙难的“亡国”之危，也面临着文明蒙尘的“亡天下”之忧，中华民族的文化自信、文化主体性也随之经历了一个从失落到重新确立的过程。20世纪二三十年代的科学玄学论战、中国社会史论战、“中国本位文化”论争、“全盘西化”论争等，都关涉对中华文明的性质、中华文明在世界历史中定位的讨论，以及对中华文明未来发展方向的探索。理论的探索，终究要由实践来给出答案。在中国革命的历史实践中，中国人民最终选择了马克思主义。“自从中国人学会了马克思列宁主义以后，中国人在精神上就由被动转入主动。”经过百余年艰苦卓绝的奋斗，中国共产党坚持把马克思主义基本原理同中华优秀传统文化结合起来，在创造性转化、创新性发展中华优秀传统文化，继承弘扬革命文化，发展社

科学玄学论战

1923年2月起，围绕科学能否解决人生观问题、对科学与西方文明的认识、对中国文明的态度等问题，以张君劢、梁启超为代表的“玄学派”与以丁文江、胡适、吴稚晖为代表的“科学派”，展开了持续近两年、最终结集了数十万字各类论战文章的思想界大辩论，这场辩论后来被称为“科学玄学论战”，也称“科学与人生观论战”。

中国社会史论战

20世纪20年代后期至30年代初期，大革命的失败使得“中国向何处去”成为社会各界重新思考的问题。“新生命派”“新思潮派”“动力派”等分别提出关于中国古代社会和当代社会的社会性质问题的观点，被称为“中国社会史论战”。经过论战，近代中国的半殖民地半封建社会性质得到广泛认同。

“中国本位文化”论争

20世纪30年代发生的“中国本位文化”论争是五四后又一次大规模的中西文化论战。论战中，学者们围绕着文化的时代性与民族性、文化的整体性与可分性、文化的演进规律等问题展开了理论上的交锋，对于何为中国文化、何为中国本位、何为文化自觉、文化是否可分、文化需不需要培养等问题进行了激烈的争论。

“全盘西化”论争

1929年，胡适在《今日中国的文化冲突》一文中正式提出“全盘西化”，指出“中国必须充分接受现代文明”。1934年，陈序经在《中国文化的出路》中断言：“我们的惟一办法，是全盘接受西化。”1935年，王新命、何炳松等10位教授联名发表《中国本位的文化建设宣言》，强调对西洋文化不应全盘承受，旗帜鲜明反对“全盘西化”。

会主义先进文化，借鉴吸收人类一切优秀文明成果的基础上，带领人民在中国大地上建立起了具有鲜明中国特色的文化主体性，重新认识到文化意义上的“我是谁”，重新树立了历史自信、文化自信、文明自信，重新在现代世界中确立起精神上的独立自主。

对中国这样一个社会主义东方大国来说，保持精神上的独立自主和文化主体性尤为重要。一个民族如果没有自己的精神独立性，那政治、思想、文化、制度等方面的独立性就会被釜底抽薪。历史和现实都表明，一个抛弃了或者背叛了自己历史文化的民族，不仅不可能发展起来，而且很可能上演一幕幕历史悲剧。孔子曾说：“坏国、丧家、亡人，必先去其礼。”经由“两个结合”特别是“第二个结合”确立起来的精神上的独立自主和文化主体性，让我们得以把国家和民族发展放在自己力量的基点上，坚定不移走自己的路，不盲从各种教条、不照搬外国理论，牢牢把握中国发展前进的主动权，使我们的民族立得住、站得稳、行得远，在世界文化的激荡和博弈中站稳脚跟。

精神上的独立自主和文化主体性，不是一种封闭的、固守的、僵化的自我中心主义，不是要搞文化保守主义、文化民族主义。恰恰相反，我们大力倡导开放包容，促进文明交流互鉴，以海纳百川的开放胸襟学习和借鉴人类社会一切优秀文明成果，在“人类知识的总和”中汲取优秀思想文化资源，从而

第三届文明交流互鉴对话会暨首届世界汉学家大会

2023 年 7 月，第三届文明交流互鉴对话会暨首届世界汉学家大会在北京举办。习近平总书记在致大会的贺信中强调：“不同文明之间平等交流、互学互鉴，将为人类破解时代难题、实现共同发展提供强大的精神指引。”本届大会主题为“落实全球文明倡议，携手绘就现代化新图景”，多国政党政要、知名学者、文化名人、非政府组织代表和国内相关部门代表约 400 人参会。图为第三届文明交流互鉴对话会暨首届世界汉学家大会现场。

不断丰富自己、发展自己。事实上，一种文明没有自己的主体性和独立性，首先自身就不可能立起来，更不用说与其他文明进行交流互鉴。同时，只有保持对世界文明兼收并蓄的开放胸怀，不断进行文明交流互鉴，才能不断增强自身的活力，以自尊自信的姿态屹立于世。

◇ 打开面向未来的创新空间

当代中国正经历着我国历史上最为广泛而深刻的社会变革，也正在进行着人类历史上最为宏大而独特的实践创新。前路漫漫、道阻且长，我们依靠什么走向明天、制胜未来？

习近平总书记指出："理论自觉、文化自信，是一个民族进步的力量；价值先进、思想解放，是一个社会活力的来源。""第二个结合"是又一次的思想解放，让我们以更加自觉的思想和文化主动，在更广阔的文化空间中，充分运用中华优秀传统文化的宝贵资源，探索面向未来的理论和制度创新。

坚持"两个结合"特别是"第二个结合"，我们就能在融通"魂脉""根脉"中不断丰富发展中国理论。马克思主义是指引中国人民从胜利走向胜利的科学指南，推进马克思主义中国化时代化是中国共产党人义不容辞的责任。在具有5000多年深厚文明底蕴的中国大地上坚持和发展马克思主义，必须把马克思主义本土化，赋予其中国风格与中国气派，同时用中华优秀传统文化来滋养和充实马克思主义，实现两者"互相成就"。马克思主义中国化时代化这个重大命题本身就决定，我们决不能抛弃马克思主义这个魂脉，决不能抛弃中华优秀传统文化这个根脉。经由"第二个结合"，马克思主义成为中国的、在中国大地深深扎下根来，中华优秀传统文化成为现代的、焕发出新的生机活力。面向未来，只要我们以马克思主义为指导深入发掘中华文明宝库，用马克思主义激活中华传统文化中的优秀因子并赋予新的时代内涵，将中华民族的伟大精神和丰富智慧更深层次地注入马克思主义，就能不断攀登新的思想高峰，永远保持理论上的科学先进。

坚持"两个结合"特别是"第二个结合"，我们就能在中华大地上不断拓展完善中国道路和中国制度。中国特色社会主义道路是在马克思主义指导下走出来的，也是从 5000 多年中华文明史中走出来的。只有立足波澜壮阔的中华文明史，才能真正理解中国道路的历史必然、文化内涵与独特优势。历史学家钱穆曾说："远从周公以来三千年，远从孔子以来两千五百年，其间历经不少衰世乱世，中国民族屡仆屡起，只是这一个传统直到于今，还将赖这一个传统复兴于后。"人事有代谢，往来成古今。中华民族历史上在物质、精神和制度方面的所有创造，最终都会沉淀为我们这个民族身上的文化血脉，给予今天的中国人以深刻的启迪，并转化为我们发展中国道路、中国制度的丰厚滋养，让我们更坚定、更有力地走向未来。站立在 960 多万平方公里的广袤土地上，吸吮着中华民族漫长奋斗积

福建南平举办武夷论坛系列文化活动

近年来，福建省南平市集聚海内外优质学术资源，深入挖掘南平传统文化资源，着力打造"一论坛、一讲坛、一课堂"联培联讲联研学术品牌。2024 年 3 月首届武夷论坛举办以来，以线上、线下形式陆续开展 7 场文化传承发展主题讲坛，在朱熹园、武夷学院、考亭书院等广泛举办相关学习课堂，听众超过 10 万人，不断增强中华文明传播力影响力。图为参加武夷论坛的海内外专家学者在朱熹园阅读区翻阅优秀传统文化书籍。

累的文化养分，我们走自己的路就有了坚实的底气和定力，即使面对再大的困难和挑战又何惧哉？！

坚持“两个结合”特别是“第二个结合”，我们就能在创造性转化、创新性发展中不断推动中华文明生命更新和现代转型。返本开新是人类文明史上的常见情境，西方文明多次回到古典源头去寻找启示，中华文明也不断回到历史的根脉获得滋养。也要看到，任何一种文化都诞生于具体的历史条件和环境之中，不可避免会受到当时人们的认识水平、时代条件、社会制度的局限性的制约和影响，因而不可避免会存在陈旧过时或已成为糟粕性的东西，问题的关键在于如何进行转化和改造。在这个问题上，我们党提出了“取其精华、去其糟粕”等基本原则。这种“取”和“去”，既有一个判断标准的问题，也不是简单的“物理切割”或“外科手术”，而是一个十分复杂的过程。坚持“第二个结合”，我们就能用马克思主义这一“伟大的认识工具”观察中华传统文化，把那些跨越时空、超越国界、富有永恒魅力、具有当代价值的积极因素提炼出来，并使之同当代中国文化相适应、同现代社会相协调，努力创造属于我们这个时代的新文化。

思想上的解放，是最彻底的解放；文化上的主动，是最大的主动。只有经历一次又一次的思想解放，实现一次又一次的文化创造，我们的精神才能不断从被动走向主动，走向自信、包容与成熟。中华民族正是以革故鼎新的精神和气度走到了今

汲取中华优秀传统文化滋养创造文艺新价值

从挖掘传世名画文化内涵的《只此青绿——舞绘〈千里江山图〉》，到演绎上古诸神风采的《九歌》；从讲述太白洒脱的《将进酒》，到展现东坡豪放的《大江东去》……近年来，随着传统文化元素与现代艺术形式不断融合，一批又一批传承中华文化的优秀舞蹈诗剧、从诗意中启发创意的音乐剧持续“圈粉”，广受人们特别是年轻人的喜爱。图为《只此青绿——舞绘〈千里江山图〉》《将进酒》剧照。

天，中国共产党正是以守正创新的正气和锐气书写了历史。只要始终坚持“两个结合”特别是“第二个结合”，我们就会有思想文化上的“自知之明”，在明白我们“从哪里来、到哪里去”中不断自我革新、锐意进取，在“亘古亘今，亦新亦旧”的现代中国赓续创造伟大文明。

2 推进中国式现代化的根本动力

——如何认识进一步全面深化改革的重大意义和目标任务？

改革开放是党和人民事业大踏步赶上时代的重要法宝，是当代中国最显著的特征、最壮丽的气象。经过 40 多年波澜壮阔的改革开放，中国发展成就举世瞩目，社会进步彪炳史册。

全球媒体聚焦党的二十届三中全会

党的二十大确立了以中国式现代化全面推进强国建设、民族复兴伟业的中心任务。在新征程上汇聚人心力量、战胜风险挑战、实现目标任务，必须进一步全面深化改革。党的二十届三中全会从实践经验和现实需要出发，深入研究进一步全面深化改革、推进中国式现代化的重大问题，审议通过了《中共中央关于进一步全面深化改革、推进中国式现代化的决定》，擘画了进一步全面深化改革的宏伟蓝图，推动中国改革开放开启了新的壮阔航程。

◇ 新时代改革开放的伟大成就

党的二十届三中全会《决定》开篇就指出："党的十一届三中全会是划时代的，开启了改革开放和社会主义现代化建设新时期。党的十八届三中全会也是划时代的，开启了新时代全面深化改革、系统整体设计推进改革新征程，开创了我国改革开放全新局面。"党的十一届三中全会是在党和国家面临何去何从的重大历史关头召开的，作出了把党和国家工作中心转移到经济建设上来、实行改革开放的历史性决策，实现了党的历史上具有深远意义的伟大转折。那么，为什么说党的十八届三中全会也是划时代的？如何理解新时代改革开放的伟大成就？

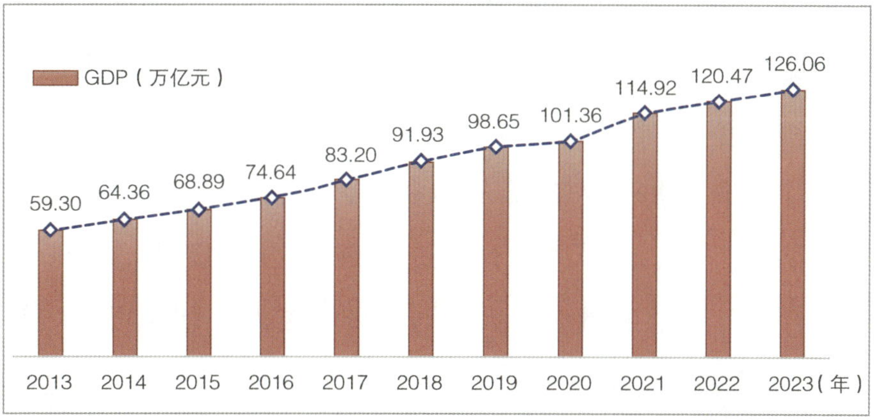

2013—2023 年中国国内生产总值（GDP）增长图

历时7年建设的深中通道于2024年6月30日建成开通

我们可先从新时代改革开放面临的形势和环境来理解其推进之不易、意义之重大。相比之前的改革，新时代改革面临的情况更加复杂、问题更加多样，面对的阻力和压力也更大。比如，改革开放之初，党和国家面临的严重危机倒逼我们必须改革，“不实行改革开放死路一条”，而且改革使全社会每个群体、每个人都能从中获益，“增量效应”让全社会形成高度一致的改革共识；而进入深水区后的改革，由于涉及“存量”利益的调整，大家对还要不要改、朝哪里改、怎么改等问题的看法不尽相同，社会上出现“改完了”“过头了”“改不动、改不了”等议论，形成改革共识的难度增加。

又比如，在容易的、皆大欢喜的改革已经完成后，剩下的都是难啃的“硬骨头”，我们既要解决改革开放后高速发展带来的“成长的烦恼”，又要面对时代进步引出的新问题，攻克的都是难中之难、艰中之艰，其复杂程度、艰巨程度、敏感程度可想而知。再比如，随着我国经济实力、科技实力、综合国力不断提升，少数国家出于自身利益考虑对我国进行全方位的遏制、围堵、打压，逆全球化、贸易保护主义沉渣泛起，改革开放的外部环境发生深刻变化。就像有人说的那样，中国的改革最不可思议之处在于，它始终要在“世界级”体量的层面处理“世界级”的难题。

新时代改革开放最鲜明的特点是全面性、系统性，最具标志性的成就是各领域基础性制度框架的基本确立。过去，

雄安新区：白洋淀畔崛起“未来之城”

从“规划先行”到“雏形显现”，一座承载着“千年大计、国家大事”的现代化新城正在燕赵大地拔节生长。近年来，通过实行大部门制、扁平化管理，设立跨境电子商务综合试验区，在全国率先上线企业跨省份迁移全程网办系统，推进自贸试验区“证照分离”改革全覆盖试点……雄安新区在创新发展、城市治理、公共服务等方面先行先试、率先突破，一座高水平现代化城市正在拔地而起。图为雄安新区一景。

中央全面深化改革委员会

党的十八届三中全会召开后1个多月，2013年12月，中国共产党历史上第一次在党中央层面设置专司改革工作的领导机构——中央全面深化改革领导小组，习近平总书记担任组长。党的十九届三中全会后，中央全面深化改革领导小组改为中央全面深化改革委员会，习近平总书记担任主任。这一机构职能更加全面、组织更加健全、运行更加稳定，形成统揽改革开放的坚强中枢，汇聚最为广泛的改革力量。

我国改革循着从农村向城市、从沿海向内地、从局部到整体、从经济领域向其他领域次第展开。当改革行至中流处、突进深水区，面对更多的是深层次体制机制问题，仅靠单个领域、单个层次的改革难以奏效，对改革顶层设计的要求更高，对改革的系统性、整体性、协同性要求更强。因此，新时代改革从一开始就不是简单的修修补补、零敲碎打，而是全面的系统的改革，是各领域改革的联动和集成。我们看到，党的十八届三中全会正式拉开新时代全面深化改革大幕，确定了全面深化改革的总目标、战略重点、优先顺序、主攻方向、工作机制、推进方式和时间表、路线图，并设置专司改革工作的领导机构。中央全面深化改革委员会（领导小组）召开70多次会议谋划改革、推进改革，审议通过超过600份改革文件，指引各方面出台3000多项改革方案……11年时间里，从夯基垒台、立柱架梁，到全面推进、积厚成势，再到系统集成、协同高效，各项改革充分衔接、相互耦合，不断形成

“1+1>2”的“化学反应”。

新时代改革开放具有深刻的革命性、重塑性，其举措和成就是深层次、根本性、开创性的。在新时代改革开放中，我们以自我革新的勇气和胸怀，跳出条条框框限制，克服部门利益、地方利益掣肘，以积极主动精神研究和提出改革举措，其力度之大、变革之深、影响之广前所未有，解决了许多长期想解决而没有解决的难题，办成了许多过去想办而没有办成的大事。比如，面对我国经济发展中不平衡、不协调、不可持续等顽疾，我们事不避难、负重前行，提出新发展阶段、新发展理念、新发展格局、高质量发展、新质生产力等一系列重大创新观点，以理论创新引领改革发展的实践创新，推动经济发展质量变革、效率变革、动力变革。再比如，面对生态环境问题这个长期的“国土之伤”“民生之痛”，我们深入贯彻绿水青山就是金山银山的理念，坚决打好污染防治攻坚战，统筹推进山水林田湖草沙一体化保护和系统治理，环保督察、河湖长制林长制、国家公园等多项创新举措陆续面世，推动我国生态环境保护发生历史性、转折性、全局性变化。新时代全面深化改革是全方位、深层次、根本性的，取得的成就是历史性、革命性、开创性的，体现在党和国家事业的各个方面，既深刻改变着当代中国的面貌，也深刻影响着当今世界的走向。

正是我们党以伟大的历史主动、巨大的政治勇气、强烈的

高质量推进国家公园建设

国家公园是以保护具有国家代表性的自然生态系统为主要目的，实现自然资源科学保护和合理利用的特定陆域或海域。2021 年 10 月，我国正式设立三江源、大熊猫等第一批国家公园，标志着国家公园体制这一重大制度创新落地生根。目前，第一批国家公园在探索保护与发展相融合方面取得了良好效果，也为后续建设提供了经验。图为三江源国家公园一景。

历史担当推进改革开放，我们才能穿越激流险滩、克服重重困难，党和国家事业才能始终充满生机和活力，新时代全面深化改革才取得重大实践成果、制度成果、理论成果，成为我国改革开放历史进程中最壮丽的篇章之一。放眼全世界，没有哪个国家和政党，能有这样的政治气魄和历史担当，能在这么短时间内推动这么大范围、这么大规模、这么大力度的改革。

◇ 深水区改革该如何推进

改革开放只有进行时，没有完成时。经过新时代以来的全面深化改革，今天的改革开放又站到了新的历史起点、进入了新的历史关头。党的二十届三中全会提出“进一步全面深化改革”，“进一步”3个字大有深意，实际上点出了我们全面深化改革的历史方位，蕴含着对“为什么改”这一重大问题的回答。从制度本身看，完善中国特色社会主义制度是一个动态过程，已有制度需要不断健全，新领域新实践需要推进制度创新、填补制度空白，必须通过进一步全面深化改革，继续完善各方面制度机制，不断把我国制度优势更好转化为国家治理效能。从我们面临的问题看，当前我国经济社会发展还存在不少的困难，有的甚至还比较严峻，同时来自外部的打压遏制不断升级，我国发展进入战略机遇和风险挑战并存、不确定难预料因素增多的时期，必须通过进一步全面深化改革防范化解风险、有效应对挑战，推动党和国家事业更好行稳致远。

从“全面深化改革”到“进一步全面深化改革”，这既是党的十八届三中全会以来全面深化改革的实践续篇，也是新征程推进中国式现代化的时代新篇。经过了40多年改革开放特别是新时代以来全面深化改革，中国下一步的改革要朝哪里进发？党的二十届三中全会《决定》，立足当前中国改革发展实际，着眼未来中国改革的长远目标，对一系列方向性、原则性问题作出了鲜明回答。

紧扣什么主题进一步全面深化改革？正所谓“壹引其纲，万目皆张”，围绕党的中心任务谋划和部署改革，是我们党领导改革开放的成功经验。以中国式现代化全面推进强国建设、

浙江台州推动“最多跑一次”改革不断升级

近年来，浙江省台州市围绕公民出生到死亡、企业准入到退出两个生命周期，按照群众和企业实际办事需求推进“最小颗粒度”集成组合，并与“互联网+”深度融合，不断创新服务模式、提升服务质效，迭代推出多部门联办“一件事”，实现了“一件事”全流程“最多跑一次”。图为该市行政服务中心工作人员给市民办理业务。

民族复兴伟业是新征程我们党的中心任务。中国式现代化是在改革开放中不断推进的，也必将在改革开放中开辟广阔前景。当前和今后一个时期是推进中国式现代化的关键时期，我们必须把全面深化改革作为推进中国式现代化的根本动力，作为稳大局、应变局、开新局的重要抓手。全会紧扣中国式现代化这一主题，把重心放在事关中国式现代化具有战略性的重大改革举措上，就是为了消除各种妨碍推进中国式现代化的思想观念和体制机制弊端，源源不断为中国式现代化激发旺盛活力、增添强劲动力。中国式现代化还有着强大的精神感召力，鼓舞着全国上下把所有热情和力量投入其中，凝聚起进一步全面深化改革的勇气和智慧。

进一步全面深化改革的总目标是什么？全面深化改革，全面者，就是要统筹推进各领域改革，既需要有管总的目标，也要回答推进各领域改革最终是为了什么、要取得什么样的整体成果的问题。党的二十届三中全会提出了进一步全面深化改革的总目标是“继续完善和发展中国特色社会主义制度，推进国家治理体系和治理能力现代化”，明确了到 2035 年的阶段性改革目标和“七个聚焦”的分领域改革目标，形成总目标统领下有总有分、总分结合、系统完备的目标体系，建构了新时代中国改革的整体框架和实践进路。进一步全面深化改革是一个动态的系统工程，明确了改革的目标，行动就有了着力点，就能更好把握改革的战略重点、优先顺序、主攻方向、工作机制和推进方式，更好制定和统筹实施各领域各方面的改革举措，协同发力、形成合力，增强整体效能。

> **七个聚焦**
>
> **聚焦构建高水平社会主义市场经济体制，聚焦发展全过程人民民主，聚焦建设社会主义文化强国，聚焦提高人民生活品质，聚焦建设美丽中国，聚焦建设更高水平平安中国，聚焦提高党的领导水平和长期执政能力。**

进一步全面深化改革的原则是什么？改革有破有立，得其法则事可成。党的二十届三中全会总结和运用改革开放以来特别是新时代全面深化改革的宝贵经验，提出了进一步全面深化改革必须贯彻坚持党的全面领导、坚持以人民为中心、坚持守正创新、坚持以制度建设为主线、坚持全面依法治国、坚持系统观念的原则。这“六个坚持”的重大原则，揭示了过去改革

从地方小吃到"网红"大产业

广西壮族自治区柳州市，西南工业重镇，已经红"出圈"的螺蛳粉赋予这座城市别样的风味。近年来，柳州以改革创新思维谋划螺蛳粉产业发展，不断出台政策规范行业发展，提高准入门槛，严格落实一系列标准，深化"螺蛳粉＋文旅"融合发展，打造"柳州螺蛳粉"文化 IP，将地方特色小吃培育成"大产业"，成为推进供给侧结构性改革的生动注脚。图为游客在柳州螺蛳粉产业园螺蛳粉饮食文化博物馆参观。

为什么能够成功的独特秘诀，也指明了未来改革怎样才能继续成功的关键所在，是我们党对新时代改革开放伟大实践的理论升华和系统总结，是新征程上继续把改革推向前进的思想指引和行动指南。如坚持党的全面领导，只有牢牢坚持党的全面领导，改革才能始终保持正确方向、坚强定力、强大合力，才能行稳致远、取得成功。再如坚持以人民为中心，民心是最大的政治，老百姓关心什么、期盼什么，改革就要抓住什么、推进什么，使改革既造福人民又得到人民支持。

对以上诸问的回答，实质上揭示了新时代中国进一步全面深化改革的大方向大逻辑。党的二十届三中全会确定的主题、目标、原则，宣示了我们党坚定不移推进全面深化改革的决心和定力，让我们的方向越来越明晰、道路越走越坚定。

◇ 中国之治的制度图谱

经国序民，正其制度。制度是管根本、管全局、管长远的，重视和加强制度建设是我们党总结长期历史经验得出的重要认识和结论。历史和现实证明，“中国奇迹”之所以得以成就，“中国之治”之所以行稳致远，其奥秘就蕴藏于“中国之制”当中。中国的改革是中国特色社会主义制度的自我完善和发展，新时代进一步全面深化改革归根结底是一场国家制度和治理体系的深刻变革。制度建设是贯穿党的二十届三中全会《决定》的一根红线，也是进一步全面深化改革的一条主线。总体来看，党的二十届三中全会在部署制度建设方面有这样几个特点。

既强调全面系统、夯基垒台，又注重彼此配合、协同发力。根本制度、基本制度、重要制度“三位一体”，构成了中国特色社会主义制度体系的基本框架。全会着眼筑牢根本制度、完善基本制度、创新重要制度，全方位部署经济、政治、文化、社会、生态文明、国家安全、国防和军队、党建等领域的改革，开列 60 条、提出 300 多项重要改革举措，构成了一幅宏大的“中国制度设计图”。这些改革举措，既强调固根

港珠澳大桥

基、扬优势，又突出补短板、强弱项，积极回应了推进中国式现代化进程中所面临的重大问题和现实矛盾。同时，各项制度设计之间也不是相互割裂和彼此独立的，而是具有深刻的内在关联，通过彼此呼应、相互促进，全面释放改革效能。比如，全会在“健全推动经济高质量发展体制机制”中强调支持企业用数智技术、绿色技术改造提升传统产业，推动制造业高端化、智能化、绿色化发展，同时在“深化生态文明体制改革”中提出实施支持绿色低碳发展的财税、金融、投资、价格政策和标准体系，促进绿色低碳循环发展经济体系建设，二者的呼应鲜明体现了经济体制改革和生态文明体制改革的相互协同和促进。

既发展完善行之有效的已有制度，又与时俱进探索建立新的制度。面对国家治理中的各种新任务新要求，我们的制度体系必然要随着时代与实践的发展不断完善，存在空缺的地方要“勤打补丁”，过时滞后的制度要“更新升级”。在全会提出的各项制度中，有些是对过去改革举措的完善和提升，如完善市场经济基础制度、收入分配制度、基本养老保险全国统筹制度等；有些是根据实践需要和试点探索新提出的改革举措，如探索建立全国统一的人口管理制度，建立文化遗产保护督察制度、生育补贴制度、渐进式延迟法定退休年龄制度、人工智能安全监管制度等。这些制度安排，有着鲜明的指向性，奔着解决最突出的问题去，改革味道浓、改革成色足。可以预见，随着各项改革举措的逐步细化和落实落地，中华大地上必将涌起更为磅礴、更加壮阔的改革大潮。

既有关于重大任务部署的制度设计，又有推动贯彻落实的体制机制。“天下之事，不难于立法，而难于法之必行。”再好的制度如果得不到有效执行，最终也只是纸上谈兵、镜花水月。必须建立健全责任明晰、链条完整、环环相扣的工作机制，强化跟踪问效，推动改革举措落实落细落到位。全会强调要坚持党中央对进一步全面深化改革的集中统一领导，党中央领导改革的总体设计、统筹协调、整体推进，各级党委（党组）负责落实党中央决策部署、谋划推进本地区本部门改革，调动全党抓改革、促发展的积极性、主动性、创造性，确保改革有人想、有人抓，能够稳步加以推进。全会还强调走好新时代党的群众路线，把社会期盼、群众智慧、专家意见、基层经验充分吸收到改革设计中来，围绕解决突出矛盾设置改革议题，优化重点改革方案生成机制，这既是我们党初心使命、担当情怀的生动彰显，也体现了坚持真理、修正错误的可贵勇气和科学精神。

◇ 以经济体制改革为牵引

中国改革开放的一个鲜明特点，就是抓住经济体制改革这个“牛鼻子”，引领和带动其他领域改革，从而达到牵一发而动全身、一子落而满盘活的效果。这是对生产关系和生产力、上层建筑和经济基础、国家治理和社会发展关系的科学判断和深刻把握，其正确性不断为我国改革开放的实践成就所证明。40 多年前，改革就是从小岗村等地的“大包干”发端的，其后逐步提出建立和完善社会主义市场经济体制，进而带动其他方面的体制机制创新，实现改革的系统性、整体性推进。

进一步全面深化改革越是千头万绪，就越要抓住主要矛盾和矛盾的主要方面。习近平总书记指出：“深化经济体制改革仍是进一步全面深化改革的重点，主要任务是完善有利于推动高质量发展的体制机制，塑造发展新动能新优势，坚持和落实‘两个毫不动摇’，构建全国统一大市场，完善市场经济基础制

小岗村："蹚路者"迈出新步伐

近年来，中国农村改革发源地安徽省滁州市凤阳县小岗村，通过推动土地流转、农文旅融合、发展现代农业等，积极探索乡村振兴、村民持续增收之路。小岗村已成为新时代广袤乡村蓬勃发展的缩影，小岗人秉持"改革创新、敢为人先"的精神，迈出发展新步伐。图为小岗村村民使用植保无人机。

度。"全会从构建高水平社会主义市场经济体制、健全推动经济高质量发展体制机制、构建支持全面创新体制机制、健全宏观经济治理体系、完善城乡融合发展体制机制、完善高水平对外开放体制机制 6 个方面，对经济体制改革进行了部署。

比如构建高水平社会主义市场经济体制。在社会主义条件下发展市场经济是我们党的一个伟大创举，中国经济腾飞的一个关键因素，就是我们既发挥了市场经济的长处，又发挥了社会主义制度的优越性。全会围绕处理好政府和市场关系这个核心问题，对经济体制改革的重点领域和关键环节作出部署，提出"坚持和落实'两个毫不动摇'""构建全国统一大市场""完善市场经济基础制度"等重要举措，以及推进国有经济布局优化和结构调整、制定民营经济促进法、加强公平竞争审查刚性约束等大量具体改革措施，从而更好推动

民营经济促进法草案向社会公开征求意见

2024 年 2 月，司法部、国家发展改革委商请全国人大常委会法工委共同牵头组建了由 17 家中央和国家机关有关单位组成的立法起草工作专班，研究起草了《中华人民共和国民营经济促进法（草案征求意见稿）》，并于 2024 年 10 月 10 日向社会公开征求意见。草案共 9 章 77 条，坚持把改革开放后特别是党的十八大以来党中央、国务院发展民营经济的方针政策和实践中的有效做法转化为法律制度，把对民营经济平等对待、平等保护的要求落实下来，既鼓励支持民营经济发展壮大，又注重加强规范引导，促进民营经济健康发展和民营经济人士健康成长。

有效市场和有为政府有机结合，让“看得见的手”和“看不见的手”各展其长、同向而行，既“放得活”又“管得住”，必将极大增强市场主体的信心，更好激发经济发展内生动力和创新活力。

比如健全宏观经济治理体系。宏观经济是复杂的有机整体，各类政策只有同向发力、形成合力，在多重治理目标中寻求动态平衡，才能在重大战略和宏观政策之间形成联动效应、叠加效应乃至乘数效应，实现经济治理成效的最大化。全会提出“增加地方自主财力，拓展地方税源”“适当加强中央事权、提高中央财政支出比例”“不得违规要求地方安排配套资金”等措施，瞄准建立健全与中国式现代化相适应的财政制度，多措并举缓解一些地方政府尤其是基层政府面临的财政压力，既是及时雨、也是定心丸，既解决当下迫切的问题、又谋划长远发展的战略。

比如完善城乡融合发展体制机制。能否处理好工农关系、城乡关系一定程度上决定着现代化的成败，中国式现代化不能“一边是繁荣的城市、一边是凋敝的农村”。长期以来，与快速推进的工业化、城镇化相比，我国农业农村发展相对滞后，“一条腿长、一条腿短”问题比较突出。全会提出的“由常住地登记户口提供基本公共服务”“深化承包地所有权、承包权、经营权分置改革”“允许农户合法拥有的住房通过出租、入股、合作等方式盘活利用”等改革措施，既是“国家想做的”也是“农民想要的”，是促进城乡要素平等交换、双向流动的实招硬招。我国的乡村既是巨大的消费市场，又是巨大的要素市场，试想工农城乡循环畅通了，几亿农民同步迈向现代化，不仅农民会过上更加富裕美好的生活，同时也会释放巨大的创造动能

湖北鄂州探索城乡融合发展新路径

近年来，湖北省鄂州市构建“人、地、钱”要素城乡双向自由流动机制，推动城市基础设施向农村延伸、公共服务向农村覆盖，在全省率先实现被征地农民社会保障全覆盖，率先整合城乡居民医保制度，推进城镇职工医保、城镇居民医保、新农合“三网合一”，推动农村基本具备现代生活条件，让农民就地过上现代文明生活。图为风景如画的鄂州乡村新貌。

和消费潜能，为经济社会发展注入强大动力。

中国的改革开放已走过千山万水，但仍需跋山涉水。我们靠着坚强的决心、坚定的意志，走过了40多年砥砺奋进的改革开放历程，书写了新时代波澜壮阔的全面深化改革画卷。只要我们看准了、认定了改革开放的光明大道，风雨无阻地走下去，一个更加活力四射、更加光辉灿烂的中国就在不远的前方。

3 前路广阔更可期

——如何看待中国经济的当下之形和长远之势？

作为世界第二大经济体和最大发展中国家，中国经济发展形势一直备受关注。特别是随着近年来中国经济内外部环境的深刻变化和发展压力的加大，关于中国经济形势的看法出现分化，乐观者有之，担忧者有之，悲观者也有之。中国经济形势怎么看，既是做好经济工作的前提和基础，也直接关系全社会

的信心。特别是在经济面临困难和挑战的时候，信心往往比黄金还宝贵。这需要我们全面客观看待当前中国经济形势，深刻把握中国经济的内在运行规律，科学准确判断未来中国经济的发展趋势。

◇ 当前经济形势究竟怎样

当前中国经济形势可谓错综复杂，但前路宽广。我们看到，经济运行总体平稳、稳中有进，2024 年前三季度国内生产总值同比增长 4.8%，特别是 2024 年 9 月 26 日中央政治局会议果断部署一揽子增量政策，使社会信心有效提振，经济明显回升，主要经济指标进一步好转，市场活跃度较快回升，固定资产投资规模继续扩大，全年经济社会发展主要目标任务即将顺利完成。同时，我国经济运行仍面临不少困难和挑战，主要是国内需求不足，部分企业生产经营困难，群众就业增收面临压力，风险隐患仍然较多，不少人感叹工作不好找、生意不好做、钱也更难挣了。

如何在“乱花渐欲迷人眼”的状态中正确看待当前中国经济形势？这就需要用全面、辩证、长远的眼光观大势、识大局，透过纷繁复杂的现象看清事物本质，从而把握中国经济发展的历史方位和大逻辑，做到“不畏浮云遮望眼”。那么，中国经济发展的历史方位和大逻辑是什么？概而言之，就是中国

全国旅游消费市场持续升温

2023 年以来，文旅消费在全国掀起热潮，“北上玩雪”“南下避寒”齐头并进，多个“网红”旅游城市“出圈”，火爆的假日经济让外界感受到经济社会的“热辣滚烫”。

经济已由高速增长阶段转向高质量发展阶段。这既是新时代中国经济发展的鲜明特征，又是我们认识、理解、把握当前经济形势的“金钥匙”。

一方面，正是由于从高速增长转向高质量发展，中国经济“颜值更高”“气质更佳”。近年来，紧紧围绕高质量发展这个首要任务，我们统筹好提升质量和做大总量的关系，中国经济在结构调整和转型升级中逐渐积蓄能量，高质量发展的积极因素在不断增多，筋骨更壮实、体魄更强健，迈上了更高质量、更有效率、更加公平、更可持续、更为安全的发展之路。

——从“质”的角度看，当前中国经济的突出特点是质的有效提升。产业结构更加优化，传统产业加快转型升级，战略性新兴产业蓬勃发展，未来产业有序布局，一批重大产业创新成果达到国际先进水平。C919 大飞机实现商业运营，国产首艘大型邮轮命名交付，电动载人汽车等“新三样”成为我国外贸出口“新名片”……这些都是我国产业结构精彩蝶变的生动注脚。我国经济发展的动力愈益深厚而强劲，从过去主要依靠资源和低成本劳动力等要素投入转向更多依靠技术、管理、数据、人才等要素驱动，人工智能、量子技术等前沿领域创新成果不断涌现，新质生产力释放的新动能已经成为引领高质量发展的重要引擎。世界知识产权组织《2024 年全球创新指数报告》显示，中国创新指数列全球第 11 位，位居 34 个中高收入

中国外贸“新三样”

电动载人汽车、锂电池、太阳能电池被称为我国外贸“新三样”。2023 年，“新三样”产品合计出口 1.06 万亿元，首次突破万亿元大关，同比增长了 29.9%。我国每出口 3 辆汽车就有 1 辆是电动载人汽车，全年出口 177.3 万辆，同比增长 67.1%。我国光伏组件产量已连续 16 年居全球首位，多晶硅、硅片、电池片、组件等产量产能的全球占比均达 80% 以上。图为在 2024 年 4 月举办的第 135 届广交会上，“新三样”相关展区参观和交易持续火爆。

经济体之首；中国拥有 26 个全球百强科技创新集群，再次位居全球第一。2023 年，企业发明专利产业化率达到 51.3%，首次超过 50%。我国经济的绿色化程度持续提高，清洁能源项目加快建设，能源生产消费结构进一步优化，绿色生产方式和生活方式加快形成，成为全球绿色低碳转型的先行者和引领者。2013—2023 年，我国以年均 3.3% 的能源消费增速支撑了年均 6.1% 的经济增长，是全球能耗强度降低最快的国家之一。读懂了这些领域的"质变"，就能对中国经济发展为什么行、为什么能、为什么好，有更为深刻的认识和理解。

——从"量"的角度看，中国经济实现了量的合理增长。2023 年我国 GDP 超过 126 万亿元，比上年增长 5.2%。相对于前些年特别是早年间的高速增长来说，这个增速好像不那么快了。但要看到，这个增速是我国在更加注重发展质量、不唯 GDP 的情况下取得的，是我们在坚决摒弃过去那种粗放式的、铺摊子的发展方式下取得的，其含金量更高、意义更重大。同时，这是在我国经济长期快速增长、稳居世界第二基础上的增速，是在一个远比过去大的经济基数上的增速。从国际经验来看，在经济体量达到一定规模后，产业升级、动能转换和转型发展一般都伴随着增速放缓。中国这样一个超大规模的经济体，在经历长期高速增长后还能保持这样的增速，殊为不易。目前，主要发达国家的 GDP 增速大多为 2%—3%，有的长期保持在 1% 左右。相比 2023 年美国的 2.5%、欧元区的 0.5%、日本的

我国新能源汽车年产量达 1000 万辆

2024 年 1—11 月，中国新能源汽车产销量同比分别增长 34.6% 和 35.6%，呈现产销平衡、供需两旺的态势。2024 年 11 月，我国新能源汽车首次实现年产量突破 1000 万辆的“绿色里程碑”，成为全球首个新能源汽车年度达产 1000 万辆的国家。

1.9%，我国 5.2% 的增速依然十分亮眼。按照可比价计算，2023 年中国经济增量超 6 万亿元，相当于一个中等国家一年的经济体量，放在 10 年前的中国则需要超过 10% 的增速才能实现。

另一方面，也是由于从高速增长转向高质量发展，中国经济必定要经历“爬坡之艰”“转型之难”。难走的是上坡路，我国经济正处在转变发展方式、优化经济结构、转换增长动力的关键期，生产结构、需求结构、产品结构、商业模式等正在进行深度调整，这一过程必然带来阵痛。当前中国经济面临的许多问题、人们遇到的一些困难，就是结构调整、转型升级过程中的阶段性现象。加之外部冲击、新冠疫情等影响交织叠加，我国经济面临的困难挑战可谓前所未有。比如，产业升级是一个破旧立新的过程，在旧的动能明显衰减、新的动能还在培育之时，部分领域、产业和地区经济风险必然会加大，也会对经济增长、创业就业等产生较大影响。再比如，房地产市场调整是中国经济必须经历的阶段，但调整对居民消费、产业发展、地方财政和经济增长都带来了非常大的影响。应该看到，经过多年调整，房地产市场对经济的负面影响正在逐渐减弱，随着新模式取代原有模式，未来房地产市场仍将在中国经济中发挥重要作用。还比如，我国出口正从以低附加值商品为主向高附加值、技术密集型产品转变，传统的劳动密集型产品在国际市场上的竞争优势逐渐减弱，少数西方国家对我国产品出口的限制，造成了外部需求收缩、出口订单减少等问题。因此，当前我国经济所面临的困难，是前进中的问题、发展中的烦恼，是我们跃上更高台阶必然要经历的过程。针对这些问题，党中央一直在深入研究，坚持从我国国情出发，提出一系列新战略新思路新举措，保持战略定力，稳扎稳打、久久为功，不断在解决困扰中国经济长期增长的困难挑战方面取得重要突破。

综合来看，我国经济长期向好的支撑条件和基本趋势没有变。这不仅为新时代以来的巨大发展成就所证明，也由我国经济发展的总体趋势和内在逻辑所决定。我们要保持战略定力和坚定信心，既要正视眼下的困难，又要看到光明的前景，不囿于一时的波动、不困于一时的得失，朝着既定的方向稳步前进。

◇ 对中国经济的信心从哪里来

一段时间以来，关于中国“人口负增长”“消费降级”“产业外迁”等话题的讨论有很多，也引发了一些人对中国经济发展前景的担忧。毋庸讳言，我国经济发展的确面临一些困难甚至是严峻考验，外部风险挑战增多，国内周期性、结构性矛盾并存。那么，我们对中国经济长远发展应该持什么样的态度？支撑中国经济发展的有利条件变了吗？未来经济发展的增长点在哪？回答这些问题，需要深入分析中国经济基础条件和内外部环境，准确把握中国经济发展的“变”与“不变”。

超大规模市场的需求优势还在不在？市场是最稀缺的资源，无论国际风云如何变幻，规模庞大、层次多样、潜力巨大、统一开放的国内市场始终是我们应对各种风险挑战的有力保障。中国是一个具有14亿多人口规模、120多万亿元GDP的庞大经济体，中等收入群体超过4亿人，是全球第二大消费市场、第一大网络零售市场，也是全球最有增长潜力的市场。当前，我国市场规模持续扩大、市场纵深不断延展，扩大内需的空间足、潜力大。比如，2023年我国户籍人口城镇化率为48.3%，与发达经济体80%左右的城镇化水平相比还有30多个百分点的差距。据测算，城镇化率每提高1个百分点，可以拉动万亿元规模的新增投资需求，以及2000多亿元的消费需求。再比如，我国正在推进大规模设备更新和消费品以旧换新，2023年年底我国民用汽车保有量达到3.36亿辆，冰箱、洗衣机、空调等主要品类家电保有量超过30亿台，汽车、家电更新换代将创造万亿元规模的市场空间。迈

以旧换新激活内需新潜力

自 2024 年 3 月 7 日国务院印发《推动大规模设备更新和消费品以旧换新行动方案》以来，消费品以旧换新政策持续加力，内需潜力不断释放。国家市场监管总局对登记使用商品条码的消费品数据监测显示，3 月 7 日至 11 月 7 日，我国消费品新增 1516.6 万种，同比增长 15.7%。数据显示，冰箱、洗衣机、电视、空调、电脑、热水器、家用灶具和吸油烟机等 8 类家电产品数量增长突出，共新增 10.2 万种，同比增长 79%。图为消费者在商场参加以旧换新活动。

上高收入国家门槛以后，我国将进入大众高消费阶段，必将进一步激发内需市场活力动力。据推算，如果农村转移人口能够获得和城镇居民同等的公共服务，我国消费需求可提升近 30%。随着全国统一大市场的加快建设，各种生产要素市场化配置和商品服务流通的体制机制障碍将加快破除，我国市场的规模效应和集聚效应将进一步发挥，超大规模市场优势将转化为竞争优势和发展势能。

产业体系配套完整的供给优势还有没有？产业体系是一国经济的物质技术基础，对于经济发展的内生动力、韧性、潜力起到关键作用。经过新中国成立以来特别是改革开放 40 多年的发展和积淀，我国已拥有全球最完备的产业体系，产业规模大、配套能力强，具有明显的成本优势、品类优势和速度优势。截至 2024 年，我国拥有 1.8 亿多户经营主体，41 个工业大类、207 个工业中类、666 个工业小类，大多数材料和组件都能在我国找到本土供应商，不仅能满足大规模标准化生产需求，而且能快速响应个性化定制需求。我国已经成为世界产业基础设施最发达的国家之一，建成世界上最大的高速铁路网、高速公路网和世界级港口群，建成全球规模最大、技术领先的 5G 网络，还有海量数据资源和丰富应用场景等优势，为产业发展提供了畅通高效的物流运输网络和数据传输网络。我国产业集群化特征明显、配套能力强，在京津冀、长三角、粤港澳大湾区、成渝地区等地，形成了许多具有国际竞争力的专业化产业集群，产业集聚效应不断释放。正是依托这种完善的供应

四通八达的交通网络

链体系，特斯拉上海超级工厂实现了当年开工、当年投产、当年交付，这一优势也吸引大量海外企业来华投资兴业。

“人口红利”还能不能持续？新中国成立后，人民生活水平的改善带来“人丁兴旺”，人口规模持续攀升。20 世纪 50 年代、60 年代、70 年代出生的这“三代人”，为经济发展提供了充足的劳动力，形成了巨大的人口红利。近年来，随着发展阶段的变化，我国人口出现了负增长。但由于人口基数规模庞大，年出生人口数量仍然高居全球前列。从 1998 年开始，我国新出生人口跌破 2000 万，1999—2018 年的 20 年里，年出生人口依然超过 1500 万。也就是说，至少到 2035 年前后，我国每年新增加的劳动力仍将超过 1500 万人，将继续拥有巨大的劳动力数量红利。同时，国家正从生育补贴、托育服务等多方面降低生育养育成本，积极健全相关配套服务，努力缓解生育率下滑态势。从经济发展视角看，相较于人口规模，人口素质同样重要。现在，我国劳动年龄人口超过 8.6 亿，新增劳动力平均受教育年限提高到 14 年，接受高等教育的人口达到 2.5 亿，每年有超过 500 万的科学、技术、工程、数学专业毕业生，人才资源总量、科技人力资源、研发人员总量均居全球首位，“工程师红利”业已形成。因此，虽然人口老龄化有所加深，但每年的有效劳动是在增加的，“人口红利”正在加快向“人才红利”转化，高素质人才队伍已经成为推动我国产业转型升级、创新发展的中坚力量。

除了上述经济发展的基础优势外，更为重要的是，我们还拥有党领导下的社会主义制度优势。公有制为主体、多种所有制经济共同发展，按劳分配为主体、多种分配方式并存，社会主义市场经济体制等社会主义基本经济制度，既能有效发挥市场经济的长处，使市场在资源配置中起决定性作用，又能更好发挥政府作用，弥补市场失灵，发挥集中力量办大事的体制优势，为经济行稳致远提供有力制度保障。我们党坚定不移全面深化改革开放，坚决破除阻碍经济发展的体制机制束缚，持续创造改革红利，着力打通经济运行中的堵点难点，不断解放和发展社会生产力，有力激发全社会创新创造活力。在党的领导下，我们还有中国人民团结奋斗的精神，有开拓进取的企业家

京津冀协同发展成果丰硕

2024 年是京津冀协同发展上升为国家战略 10 周年。10 年来，京津冀携手打造协同创新共同体，共建京津冀国家技术创新中心，加快创新成果孵化转化，200 多所京津中小学幼儿园与河北 200 多所学校开展跨区域合作办学，累计成立 15 个跨区域职教联盟、22 个高校发展联盟等。左图为天津市滨海新区中关村科技园一景，右图为河北省保定市满城区河北京车智能制造基地生产车间。

精神，有精益求精的工匠精神，加上物质技术基础雄厚，治理效能提升，社会长期保持和谐稳定，这些都为中国经济发展奠定了坚实基础，也是我们抵御外部风险的根本依托。

总之，当前和今后一个时期，我国经济发展面临的环境仍是战略机遇和风险挑战并存，但机遇大于挑战、有利条件强于不利因素，这是我们对中国经济的信心和底气所在。只要我们把握机遇、运用有利条件，坚持稳中求进、以进促稳，守正创新、先立后破，系统集成、协同配合，努力把各方面积极因素转化为发展实绩，积小胜为大胜，就能继续书写中国经济新的辉煌。

◇ 唱衰中国经济论调可以休矣

受结构性矛盾、外部冲击、地缘政治等多重因素影响，中国经济增长挑战加大，“中国经济见顶论”“外资撤资离场论”等唱空论调也伺机泛起。这些论调，用似是而非的论点和论据，罔顾事实、混淆视听，夸大短期、局部问题，企图扰乱各方面对中国经济的判断、预期与信心。对于这些用心险恶的奇谈怪论，必须加以分析和驳斥，指出其谬误之处。

所谓“中国经济见顶论”。这种论调认为，中国经济增长乏力、动能不足，繁荣已接近尾声，中国从此就要走下坡路了。比如，有西方学者运用生产函数预测 2025 年之前中国的潜在增长率为4%左右，2025—2035年为3%左右。预测长期潜在增长率，必须客观准确地估计中国要素供给和生产率提高的潜力，尤其不应忽视政策制定者和生产组织者的主观能动性。通过改革、开放和创新，可以使生产要素组合更有效率、使技术进步为生产率赋能、使规模报酬递增，进而提高全要素生产率，就能突破这些假设条件的限制，取得更高的实际经济增长。事实上，中国过去长期的高速增长，除了要素投入数量增加外，更重要的是依靠改革开放所释放的制度红利，这也是我国经济增速明显快于同一时期与我们具有相似条件甚至条件更优国家的原因所在。党的二十届三中全会提出的一系列重大改革举措，必将为中国经济注入强大动能，推动中国经济更上一层楼。另外，从"亚洲四小龙"等追赶型经济体以及高收入国家发展历程看，人均GDP介于1.2万—2万美元时，经济发展潜力持续释放。从这种横向的比较中可看出，中国经济发展仍有较大潜能。

所谓"中国产能过剩论"。一段时间以来，美欧一些政客指责中国新能源产业依靠"补贴"大量出口，鼓噪"中国输出过剩产能威胁他国产业发展，冲击世界经济"。有国外舆论将"产能过剩"定义为超过国内需求的生产能力，若按此说法，美国80%的高端芯片用于出口、液化天然气出口量全球第一，岂不也算"产能过剩"？在经济全球化背景下，生产和消费都是全球性的，只靠本国或"小圈子"的产能满足需求，不仅难以做到，更会造成全球范围内的重复建设、效率低下、成本高企。当前全球经济面临绿色转型，对于技术先进的绿色产能需求较大。中国新能源产业以其超前的产业布局、持续积累的技术品牌优势、完备的产业体系，因应了全球经济的现实需要。同时，支持新能源产业发展和经济绿色转型，本是国际社会的一致倡议和共同实践。至于“倾销”和“补贴”的说辞，就是在给贸易保护主义“打掩护”，图谋遏制打压中国产业发展，维护自身经济霸权。反观有的国家，一边指责中国，一边自己大搞排他性、歧视性补贴。所以说，“中国产能过剩论”有悖常理、有违事实，本质是“双标”和贸易保护主义的新伎俩。

所谓“外资撤资离场论”。前一段时间，少数外资企业关停在中国的工厂，转而投向他国或回流本国。于是，一些外媒便借此炒作“外资撤离”“中国不可投资”“中国投资环境恶

海外资本投资中国热情持续升高

2023年，中国实际使用外资金额11339.1亿元人民币，规模处历史高位。其中，高技术产业引资4233.4亿元人民币，占实际使用外资金额比重为37.3%，较2022年全年提升1.2个百分点，创历史新高。法国、英国、荷兰、瑞士、澳大利亚实际对华投资分别增长84.1%、81.0%、31.5%、21.4%、17.1%（含通过自由港投资数据）。图为空中客车中国研发中心签约活动。

化”，渲染在华投资“风险”。事实果真如此吗？从实际情况来看，外资转移的大多是一些低端制造、低端产品、低端技术，主要是因为企业自身竞争力不强，需要通过转移到劳动力、土地成本较低的国家以维持生存。而那些拥有较强竞争力、较高技术水平、较好产品的外资企业，则借助中国经济转型升级的良好机会，纷纷进入中国市场，寻求新的发展。2023 年，我国新设立外商投资企业 53766 家，同比增长 39.7%，体现了全球工商界对中国市场未来的信心。事实上，中国已深度嵌入全球价值链分工，“你中有我、我中有你”是大势所趋，“有进有出、稳中有进”是中国外资的主流。况且，根据产业周期变化和企业竞争力消长而进行产业转移、资本流动，本就是一件很正常的事情。我们不仅要看到转移走的，而且要看到引进来的，还要看到引进来的比转移走的具有更高质量。很显然，所谓的外资大规模撤离中国，只是某些人、某些机构以点盖面、以偏概全的错误认知，抑或故意散布的错误言论。更何况，在个别国家撺掇的联合打压下，转移出去的企业又有多少何尝不是无奈的选择？！

所谓“中国经济胁迫论”。近年来，个别国家在国际社会上不断鼓噪所谓“中国经济胁迫论”，声称中国正在利用经济手段胁迫他国接受其政治主张，宣称“一带一路”就是“经济胁迫”的手段，并以此为由要求其盟友共同围堵打压中国。只要稍加分析，这种论调便不攻自破。倘若中国真的存

中欧班列开行突破 10 万列

2013 年，随着共建“一带一路”倡议提出，中欧班列应运而生。2016 年，中欧班列实现统一品牌。2016—2023 年，中欧班列年开行数量由 1702 列增加到超 1.7 万列，增长近 10 倍。2024 年 11 月 15 日 10 时 20 分，随着 X8083 次中欧班列（中国重庆—德国杜伊斯堡）从重庆团结村中心站开出，中欧班列累计开行突破 10 万列，发送货物超 1100 万标箱、货值超 4200 亿美元。

在“经济胁迫”，那为何“一带一路”能成为当今世界最受欢迎的国际公共产品，能吸引 150 多个国家、30 多个国际组织与中国签署 240 多份共建“一带一路”合作文件？事实上，中国从未实施过“经济胁迫”，中国的产品、装备、技术、标准、管理、服务等得到国际社会的普遍认可和广泛赞誉。恰恰相反，中国倒是个别国家经济胁迫的最大受害者之一。从对华挑起贸易争端到关键产品出口管制，从对中国企业滥施制裁到威胁各国企业减少对华投资，个别国家对中国进行经济胁迫的案例不胜枚举。“中国经济胁迫论”，实质上是“中国威胁论”的另一种叙事，是个别国家的政客们唱衰、遏制中国的手段。我们要坚持推动构建新型国际关系，务实开展对外经济合作，用合作共赢让“中国经济胁迫论”显露原形，失去话语市场。

凡此种种论调，无非是老调重弹、新瓶装旧酒，企图借舆论战抹黑中国经济，实质是迟滞中国发展、攻击中国道路。回溯历史，中国经济在战胜各种困难挑战中走到今天，过去没有因为“中国崩溃论”而崩溃，现在也不会因为“中国见顶论”而见顶。几十年来少数国家不断“唱衰中国”，但中国发展成就是铁的事实，让看空者屡屡落空、让看好者频频受益，中国道路越走越宽广。从世界范围看，近年来中国对全球经济增长的贡献率保持在30%左右，是世界经济发展的最大引擎。国际货币基金组织的研究表明，中国经济每增长1个百分点，将使其他经济体的产出水平平均提高0.3个百分点，对世界其他地区产生了积极的溢出效应。

中国经济是一片大海，而不是一个小池塘。大海有风平浪静之时，也有风狂雨骤之时。狂风骤雨可以掀翻小池塘，但不能掀翻大海。中国经济基础稳、优势多、韧性强、潜能大，我们有信心、有条件、有能力应对前进道路上的各种风险挑战。只要我们坚定信心、保持定力、奋发作为，集中精力办好自己的事情，不断发展壮大自身，“中国号”巨轮就一定能乘风破浪、行稳致远。

4 制胜未来的战略之举

——如何把握因地制宜发展新质生产力的科学内涵和实践要求？

生产力是人们利用自然、改造自然，进行创新创造，以生产出满足需要的物品与服务的能力，是人类社会发展的根本动力，也是一切社会变迁和政治变革的终极原因。2023 年 7 月以来，习近平总书记在地方考察调研及多个重要会议上，明确提出并系统论述了“新质生产力”和发展新质生产力的重大任务。“新质生产力”提出后，引起学术界和社会上的热烈探讨。党的

二十届三中全会专门提出要健全因地制宜发展新质生产力体制机制，并将其作为健全推动经济高质量发展体制机制的重要内容。为什么要提出新质生产力、什么是新质生产力、如何因地制宜发展新质生产力？这既是重大的理论问题，也是紧要的现实问题。只有在理论上弄明白了，才能深刻理解发展新质生产力的重大意义，从而增强行动的自觉性和坚定性。

◇ 势所必然也势在必行

“新质生产力”的提出，背后有着十分深刻的战略考量。这从我们日常生活中便可见一斑。5G、人工智能、物联网、大数据以及网约车、线上购物、移动支付……这些已为人们所熟知的概念和习以为常的场景，说明一个新的科技时代已经到来。汹涌而至、日新月异的科技浪潮，快速变化的中国与世界，都构成了“新质生产力”提出的时代背景，反映了发展新质生产力的必要性和紧迫性。

发展新质生产力，是我们党深刻洞察世界科技和经济发展大势提出来的。18 世纪后，世界发生了数次重大科技革命，推动机械化、电气化、自动化、信息化等多次产业革命。一些国家抓住了机遇，经济实力、科技实力、军事实力迅速增强，甚至一跃成为世界强国。19 世纪初，中国的经济总量居世界首位，按现在的核算方法占当时全球 GDP 的 30% 以上，但这种建立在传统农业基础上的经济实力和综合国力，在面对西方近现代工业装备起来的坚船利炮、生产的“洋货”时，便迅速败下阵来。而在改革开放后，我们正是牢牢抓住了第三次工业革命中后期的机遇，推动经济快速发展，大踏步赶上了时代。当前，第四次工业革命方兴未艾，技术创新进入前所未有的密集活跃期，人工智能、量子技术、生物技术等前沿技术集中涌现，引发链式变革。从世界范围看，主要发达国家纷纷加快实施新产业革命国家战略，

观众在 2024 年第四届中国国际消费品博览会上观看 AI 作诗

观众在 2024 世界制造业大会上参观“本源悟空”超导量子计算机模型

参会人员在 2024 中国国际大数据产业博览会上与“机器狗”互动

美国“国家先进制造业战略”

2012 年，美国发布《国家先进制造业战略》，提出通过完善创新政策、加强“产业公地”建设、优化政府投资等举措促进美国先进制造业发展。2022 年，美国发布新一版《国家先进制造业战略》，设定了开发和实施先进制造技术、促进先进制造业劳动力发展和提升制造业供应链弹性三大目标，并提出了 37 项措施，以进一步提升美国先进制造业竞争力。

英国“高价值制造战略”

英国政府从 2008 年开始推出“高价值制造战略”，重点资助航空工业制造、智能系统和嵌入式电子、生物技术、材料化学等高附加值行业，确保高价值制造成为英国经济发展的主要推动力，促进企业实现从概念到商业化整个过程的创新。

德国“工业 4.0”

2013 年，德国提出“工业 4.0”战略，在继承“工业 1.0”时期的机械化生产、“工业 2.0”时期的电气化和自动化以及“工业 3.0”时期的数字化和信息化基础上，发挥德国制造业的传统优势，以物联网和互联网为核心技术推动制造业等工业领域全面革新，主要包括“智能工厂”“智能生产”“智能物流”等内容。

法国“新工业法国”

2013 年，为了全面复兴法国工业，法国政府正式宣布施行“新工业法国”计划。该计划确定了环保和新能源、医疗和健康、大数据和云计算等 34 个优先开发项目，开发百公里油耗小于 2 升的节能汽车，建立数字化医院，开发新的农产品加工技术，推动法国工业迎来新的起点。

“日本再兴战略”

2013 年，日本内阁提出以“日本再兴战略”为名的经济增长战略和中长期经济财政运营指引，制定了“产业复兴计划”“创造战略性市场计划”“国际拓展战略”等具体计划。根据这一战略，日本政府将通过减税等优惠措施刺激企业设备投资，在东京等大都市创设“国家战略特区”，吸引外国投资和人才。

如美国的“国家先进制造业战略”、英国的“高价值制造战略”、德国的“工业 4.0”、法国的“新工业法国”、日本的“日本再兴战略”等。对我国来说，世界新一轮科技革命和产业变革同我国发展方式转变形成历史性交汇，我们既面临千载难逢的历史机遇，又面临差距可能被拉大的严峻挑战。现在，我国部分科技领域正实现由“跟跑”向“并跑”和“领跑”转变，科技实力正处于从量的积累向质的飞跃、从点的突破向系统能力提升的关键阶段。只有抢抓机遇、乘势而上，加快提升科技创新能力，积极发展新质生产力，才能在激烈的国际竞争中赢得发展主动权，才能在新领域新赛道上占据发展先机。

发展新质生产力，也是我们推动高质量发展的内在要求。高质量发展是新时代的硬道理，是我国经济向上突围、精彩蝶变的必经之路。推动高质量发展，仅靠对传统产业、传统模式

重庆永川推动制造业智能化升级

近年来，重庆市永川区积极推动数字技术与制造业深度融合，出台相关方案明确汽车产业智能化转型的方向、目标及实施路径，通过龙头企业示范带动，协同产业链上下游企业进行智能化改造，成为因地制宜发展新质生产力的典型示范。

图为长城汽车重庆永川生产基地智能化焊接机器人在进行焊接作业。

的一般性改造提升已然行不通，根本出路在于转变发展方式、优化经济结构、转换增长动力。只有把发展新质生产力作为推动高质量发展的重要着力点，通过科技创新赋能传统产业、壮大新兴产业、培育未来产业，才能开辟产业发展的新“蓝海”，才能真正打开经济转型升级的新局面。从现实情况看，新质生产力已经在实践中形成并展示出对高质量发展的强劲推动力、支撑力。经过多年的发展，我国一批重大创新成果竞相涌现，拥有的全球百强科技创新集群数量跃居世界第一，人工智能、低空经济等具有时代特点的新产业新业态加快成熟，新质生产力日益成为推动高质量发展的重要引擎。比如，自 2020 年 7 月

“北斗”导航赋能产业发展

北斗系统是我国自主建设运营的全球卫星导航系统，是继美国全球定位系统（GPS）、俄罗斯格洛纳斯卫星导航系统（GLONASS）之后第三个成熟的卫星导航系统。北斗系统自2012 年开始提供亚太地区服务，2018 年基本系统建成并开始提供全球服务，2020 年全面完成全球星座部署，实现了全天候、全天时、高精度的定位、导航与授时服务。目前，我国北斗核心产业规模超过 1400 亿元，并已在全球一半以上国家和地区开始应用。利用北斗定位功能，实现手机导航、路线规划等一系列位置服务功能，推动产业更好发展、人民生活更加便捷。图为京沈高铁施工现场的工程师运用北斗惯导小车进行有砟轨道精测作业。

“北斗三号”全球卫星导航系统开通以来，北斗系统持续赋能各行各业，深度融入电力通信、交通运输、农林牧渔、防灾减灾、快递物流等行业，对产业发展、百姓生活产生了广泛而深刻的影响。

发展新质生产力，还是我们应对外部打压与风险挑战的必然选择。当前，世界百年未有之大变局加速演进，科技革命与大国博弈交织激荡，高技术领域成为国际竞争最前沿和主战场。一段时间以来，个别国家为了保持其在科技、产业领域的领先地位和对全球价值链的掌控，在科技、贸易等领域对我国进行限制和打压，通过“小院高墙”式的手段限制技术对华出口，肆意制裁我国高新技术企业，数百家中国高新技术企业被列入“实体清单”。同时，世界经济复苏艰难，地缘政治对抗加剧，粮食、能源、金融、气候等全球性挑战前所未有，世界政治经济格局的不稳定不确定性因素明显增多，对我国经济发展、外贸活动等产生负面影响。面对纷繁复杂的外部环境，加快培育和发展新质生产力，能够使我国在大变局中因势利导、趋利避害，增强我国的生存力、竞争力、发展力、持续力。我国外贸“新三样”在世界经济形势低迷的情况下能够逆势上扬，也说明了发展新质生产力对于我国因应外部变化的重要意义。

综上可知，发展新质生产力是对科技与产业的方向性引领，是对中国经济发展的有力动员，必将极大巩固中国式现代化的物质技术基础，为世界经济复苏注入强劲动能。所以，“新质生产力”这一重大论断一经提出，就唤起了全党全社会的广泛共鸣，也引起了国际社会的普遍关注。

◇ 新质生产力“新”在何处

作为一种新的生产力质态，新质生产力有着区别于传统生产力的鲜明特点，其内涵也十分丰富。现在，关于新质生产力的基本内涵和主要特征，人们已经形成了许多共识。但与此同时，也出现了将其泛化、标签化、狭义化等倾向，有的把它当成一个筐、什么都往里装，有的仅把其局限于一个或几个特定产业。理不清则事不明。全面准确把握新质生产力的内涵和特征，是我们认识这一重大论断的理论基础，也是培育和发展新质生产力的前提条件。

新质生产力之“新”，首先在于它以创新特别是科技创新为内在驱动，摆脱传统经济增长方式、生产力发展路径。一般认为，经济增长主要有要素驱动、投资驱动、创新驱动等几种类型。从以往经济活动看，以要素投入、规模扩张为主的粗放型发展方式，不仅会带来资源过度消耗、环境污染等严峻挑战，而且存在单位投资的边际效益递减等问题，终究不是长久之道。老路走不通，新路在哪里？就在科技创新上，就在加快从以要素驱动、投资规模驱动发展为主向以创新驱

北京积极打造全球机器人产业高地

当前，机器人产业已进入新一轮变革机遇期，驱动人类社会加速进入智能时代。北京市坚持产品创新和场景示范双驱动、产业协同和生态优化共联动，2023 年北京机器人产业总收入超 200 亿元，企业数量超 400 家，其中专精特新“小巨人”企业 50 家，居全国首位。图为在北京亦庄（北京经济技术开发区）举行的 2024 世界机器人大会上，国产仿生人形机器人展区吸引众多观众参观。

动发展为主的转变上。新质生产力就是创新起主导作用的生产力，由技术革命性突破、生产要素创新性配置、产业深度转型升级而催生，通过原创性、颠覆性技术这一“关键变量”激发产业的潜力活力，有力提升发展的质量效益。近年来，我国家电、纺织、食品等传统行业的一些企业引入智能制造技术，朝着数字化、网络化、绿色化发展，不仅突破了发展瓶颈、实现了脱胎换骨，也推动“中国制造”走向“中国智造”。

新质生产力之“新”，关键在于它赋予生产力诸要素以新的内涵，实现劳动者、劳动资料、劳动对象及其优化组合的跃升。科技的每一次创新和突破，都带来了生产要素的新变化新发展，都会极大丰富劳动者、劳动资料、劳动对象的内涵。按照约瑟夫·熊彼特的解释，创新就是建立一种新的生

上海市张江科学城着力打造国际一流科学城

近年来，上海市张江科学城以“政产学研金服用”系统集成创新为导向，以提升创新策源能力为主线，推动科技和人文融合发展，不断突破关键核心技术和培育高端产业，努力建设“科学特征明显、科技要素集聚、环境人文生态、充满创新活力”的国际一流科学城。图为位于张江科学城的“上海光源”。

产函数，把一种从未有过的关于生产要素和生产条件的新组合引入生产体系。新质生产力是新一轮科技革命和产业变革的产物，意味着更高素质的劳动者、更高技术含量的劳动资料、更广范围的劳动对象。从劳动者看，有从事科学研究和技术攻关的专家，有具备相应知识技能的工程技术人才，还有推动科技成果转化的企业家等。从劳动资料看，无人机、无人驾驶汽车、人形机器人、3D 打印机等智能工具得到运用，大量传统行业的生产设备更新换代，进一步解放了劳动者、提高了生产效率。从劳动对象看，数字资源、虚拟空间、生物基因、微观粒子等都成为人类劳动的对象，大至太空宇宙、小至基因量子都成为人们的生产空间。比如，与传统生产要素相比，数据具有规模大、非稀缺性、强流动性、非排他性等特征，能够有效降低生产和交易成本，大幅提升资源配置效率和全要素生产率。

新质生产力之“新”，还在于它以新产业、新业态、新模式为主要载体，具有高科技、高效能、高质量的特征。从历史经验看，科技革命必然伴随产业变革，会形成大量新的投资热点和就业岗位，经济结构和发展方式也会发生重大调整，并形成新的规模化经济效应。第一次科技革命的蒸汽机技术带动了纺织、运输、煤炭、钢铁等产业发展，第二次科技革命的电力技术、内燃机技术带动了电力、电信、汽车、飞机等产业发展，第三次科技革命的计算机技术带动了电子信息、移动通信、互联网、新装备、新材料、新能源、新医药等产业发展。新一轮科技革命和产业变革以数字技术、低碳技术、生命生物技术等为突破，带动了数字科技、能源科技、材料科技、生命科技和先进制造业等产业发展。这些战略性新兴产业和未来产业，具有创新活跃、技术密集、价值高端、前景广阔等特点，是引领产业升级和未来发展的新支柱、新赛道，为发展新质生产力提供了产业基础和巨大空间。

由此可见，新质生产力不是传统生产力的局部优化与简单迭代，而是通过把科技力量渗透到生产力各要素之中，进而引起产业结构和经济形态的巨大变化，其本质是先进生产力。这一重大论断，既继承了马克思主义生产力理论，又内含了新一轮科技革命和产业变革深入发展、数字经济蓬勃兴起等时代特征，是对马克思主义生产力理论的重大创新发展，实现了中国经济学的“术语革命”，具有重大的理论和实践意义。

◇ 发展新质生产力的着力点在哪里

发展新质生产力，既要解决好“怎么看”的认识问题，更要解决好“怎么干”的路径问题。现在，各地各部门的积极性和热情都很高，在这种情况下尤其要讲求科学的方法和步骤。党的二十届三中全会从健全体制机制的角度，对因地制宜发展新质生产力作出了一系列安排部署。总的来说，就是要遵循科技创新和产业发展的客观规律，以技术突破、产业转化、绿色发展、人才支撑为着力点，统筹好培育新动能和更新旧动能的关系，因地制宜发展新质生产力。

牵住科技创新这个“牛鼻子”。一般而言，科技创新可分为原始创新、集成创新、开放创新，其中基础研究处于从研究到应用再到生产的科研链条起始端，最为重要也最为艰难。发展新质生产力所依靠的原创性、颠覆性技术，必须以强大的基础研究和原始创新能力、关键核心技术攻关能力为前提。目前，我国科技创新基础研究和原始创新能力还不强，原创性引领性创新成果还不多。如果这个问题不解决，发展新质生产力将成为无本之木、无源之水。要看到，科技创新从来都是“九死一生”，具有前沿探索性和不确定性的原始创新

浙江绍兴柯桥推动纺织产业升级“蝶变”

浙江省绍兴市柯桥区是历史悠久的纺织之乡，也是全国最具代表性的纺织产业集群基地。10 多年前，柯桥有 200 多家印染企业，区域分散、管理粗放、配套落后，产业发展面临诸多困难与压力。近年来，柯桥启动实施印染产业集聚升级工程，大力推进设备提升、绿色发展、创新驱动、时尚引领，打造全省传统产业转型升级的样板，改变了人们对传统纺织印染行业的印象。图为该区马鞍街道印染聚集区。

更是如此。因此，我们必须有“亦余心之所善兮，虽九死其犹未悔”的豪情壮志，敢于走前人没走过的路，以关键共性技术、前沿引领技术、现代工程技术、颠覆性技术创新为突破口，打好关键核心技术攻坚战，努力创造更多“从 0 到 1”的原创性、颠覆性科技成果，不断培育发展新质生产力的新动能。

瞄准产业创新这个“关键点”。产业是生产力变革的基本载体，科技创新只有转化为技术并应用于生产才能成为直接的生产力。过去科技革命与产业变革在时间上往往有较长间隔，现在二者几乎同时发生，新科技成果很快就能转化为新产业新业态新模式。因此，要疏通应用基础研究和产业化连接的快车道，及时将科技创新成果应用到具体产业和产业链上，加快科研成果从样品到产品再到商品的转化。在推动产业创新中，必须处理好"破"与"立"、"新"与"旧"的关系。战略性新兴产业和未来产业是形成新质生产力的主阵地，要因地制宜、扬长补短，在综合考虑本地区资源禀赋、产业基础、科研条件的基础上，壮大新一代信息技术、人工智能、生物技术、高端装备等新兴产业，培育类脑智能、量子信息、基因技术、未来网络等未来产业。与此同时，要坚持先立后破，不能简单替代或放弃传统产业，坚决防止出现产业空心化和断层现象，防止脱实向虚、泡沫化。要以"鼎新"带动"革故"，以国家标准提

未来产业

未来产业是由前沿技术驱动，当前处于孕育萌发阶段或产业化初期，具有显著战略性、引领性、颠覆性和不确定性的前瞻性新兴产业。未来产业代表着新一轮科技革命和产业变革方向，是经济增长的最活跃力量，有望培育发展成先导性支柱产业，是形成新质生产力的重要阵地。世界主要国家都在抓紧布局，发展未来产业，抢占发展制高点。我国重点围绕未来制造、未来信息、未来材料、未来能源、未来空间和未来健康等方向，大力发展人工智能、类脑智能、量子科技、原子级制造、生物制造、人形机器人、低空经济、氢能等未来产业，这是牢牢把握未来发展主动权的战略选择。

数智技术

数智技术是数字化和智能化的有机融合，可以理解为"数字化＋智能化"，是在数字化基础上融合应用机器学习、人工智能等智能技术的过程。数智化是新型工业化的鲜明特征，是形成新质生产力的重要途径。通过"人工智能＋工业制造""人工智能＋生成设计"等推进智能工厂、未来工厂、"灯塔工厂"建设，推动实现制造业数智化，是制造业转型升级的重要方向。

河北鸡泽加强科技攻关做强辣椒产业

被称为“中国辣椒之乡”的河北省邯郸市鸡泽县，近年来加强与高校和科研院所联合攻关，通过合作共建院士工作站、辣椒产业技术研究院，对辣椒育种、繁种、加工等进行深入研究，培育出“鸡泽红”“蕾椒一号”等新品种，逐步实现由单一原料向多元细分转变、由低附加值产品向高附加值产品转变、由初级产品向终端产品转变，极大提升了辣椒产品竞争力和产业层级。图为科研人员在位于该县的河北省辣椒产业技术研究院辣椒选育大棚工作。

升引领传统产业优化升级，支持企业用数智技术、绿色技术改造提升传统产业，推动传统产业“老树发新芽”，促进我国产业迈向全球价值链中高端。

启动发展方式创新这个“新引擎”。绿色发展是高质量发展的底色，新质生产力本身就是绿色生产力。数字技术和绿色技术的应用，不仅为企业工艺改进、技术改造、效率提升创造了新空间，而且为降低资源能源消耗、改善生态环境提供了新路径。当前，我国经济社会发展已进入加快绿色化、低碳化的高质量发展阶段，生态文明建设仍处于压力叠加、负重前行的关键期，生态环境保护结构性、根源性、趋势性压力尚未得到根本缓解，能源资源利用效率与国际先进水平相比还存在差距，生态环境质量稳中向好的基础还不牢固，美丽中国建设任务依然艰巨。必须牢固树立和践行绿水青山就是金山银山的理念，加快绿色科技创新和先进绿色技术推广应用，做强绿色制造业、绿色服务业和绿色能源产业，积极构建清洁低碳安全高效的能源体系，发挥绿色金融的牵引作用，打造高效生态绿色产业集群，以新质生产力“含绿量”提升经济发展“含金量”。同时，倡导简约适度、绿色低碳、文明健康的生活方式和消费模式，把建设美丽中国转化为全体人民自觉行动。

激活人才工作机制创新这个“动力源”。创新驱动本质上是人才驱动，加快形成新质生产力归根结底要靠创新人才。一般来说，一个国家成为科学中心和人才中心的时间大致是

2024 年 1 月，我国首次开展“国家工程师奖”评选表彰，81 名个人被授予“国家卓越工程师”称号，50 个团队被授予“国家卓越工程师团队”称号。图为“国家卓越工程师”奖章。

重叠的，两者相互支撑、相互作用。从世界范围看，16 世纪以来，全球先后形成了意大利、英国、法国、德国和美国 5 个科学和人才中心，有力推动了产业发展和生产力进步。这也启示我们，必须畅通教育、科技、人才的良性循环，优化高等学校学科设置、人才培养模式，完善人才培养、引进、使用、合理流动的工作机制，着力培养造就战略科学家、一流科技领军人才和创新团队，着力培养造就卓越工程师、大国工匠、高技能人才，加强劳动者技能培训，不断提高各类人才素质。同时，要善于激发人才的创新创造活力，健全要素参与收入分配机制，激发劳动、知识、技术、管理、资本和数据等生产要素活力，更好体现知识、技术、人才的市场价值，营造鼓励创新、宽容失败的良好氛围，让人才愿创新、能创新、敢创新。

◇ 加快形成同新质生产力更相适应的生产关系

“手推磨产生的是封建主的社会，蒸汽磨产生的是工业资本家的社会”，这生动揭示了生产力和生产关系相互作用的内在机理。马克思主义告诉我们，生产力决定生产关系，同时生产关系的变化对生产力发展起着加速或者阻碍的作用。回望世界工业发展史，那些抓住科技革命发展机遇、引领科技浪潮和工业革命的国家，无一例外都强调制度创新，形成了更有效激励创新、保护创新的制度体系。

那么，同新质生产力更相适应的生产关系应该如何加快形成？中国的发展历程特别是改革开放的实践告诉我们，答案就在进一步全面深化改革之中。通过健全相关规则和政策，打通束缚新质生产力发展的堵点卡点，破除一切制约新质生产力发展的体制机制障碍，更好推动新质生产力发展。

一方面，要深化经济体制、科技体制等改革，让各类先进优质生产要素向发展新质生产力顺畅流动。新质生产力是政府“有形之手”和市场“无形之手”共同培育和驱动形成的。新质生产力是前瞻性的、开拓性的，无论是科学研究、技术转化还是生产应用，对企业和个人而言都存在着较大不确定性和风险，这就需要有效发挥政府的作用。拿我国高铁行业来说，从早期的引进技术到后来的自主创新，从国内铁路网规划到推动高铁“走出去”，正是有政府的规划引导和政策支持，才成就中国高铁无论是技术层面还是产业规模的全球领先。同时，企业是经济活动的主体，是发展新质生产力的主力军。正如恩格斯所说：“社会一旦有技术上的需要，这种需要就会比十所大学更能把科学推向前进。”凭借对科技潮流和市场动向的敏锐把握，近年来我国一些创新能力强、成长潜力巨大的专精特新“小巨人”企业、“独角兽”公司迅速成长。要通过全面深化改革将有效市场与有为政府更好结合起来，构建更具活力的科研创新生态体系，健全要素参与收入分配机制，建立高标准市场

“小巨人”企业

专精特新“小巨人”企业是指那些在细分市场中具有专业化、精细化、特色化和新颖化特征的中小企业中的佼佼者，通常位于产业基础核心领域和产业链关键环节，具备较强的创新能力、较高的市场占有率和良好的质量效益。这些企业往往集中于新一代信息技术、高端装备制造、新能源、新材料、生物医药等中高端产业领域，处于发展早期阶段。截至 2024 年 11 月，我国累计培育专精特新中小企业超过 14 万家、专精特新“小巨人”企业 1.46 万家。

“独角兽”公司

“独角兽”公司是指成立不足 10 年、估值超过 10 亿美元的未上市企业，具有卓越的创新能力、较短的成长周期、爆发式的数量增长、颠覆传统模式等突出特点，在市场中有着难以复刻的核心竞争力。2016—2023 年，我国“独角兽”企业由 131 家增至 375 家，数量位居全球第二，总估值由近 5000 亿美元升至超 1.2 万亿美元。我国超过 78% 的“独角兽”企业来自高端制造业、消费与零售、高新技术等领域，在 2023 年新增的“独角兽”企业中，超过一半来自新能源、人工智能、半导体等硬科技赛道。

体系，完善知识产权评估和交易市场，促进创新要素的合理配置和有序流动，推动企业等微观主体不断创新，进一步激发市场活力和社会创造力。

另一方面，要扩大高水平对外开放，为发展新质生产力营造良好国际环境。坚持对外开放，用好国内国际两个市场、两种资源，这是我国改革开放的成功之道，也是发展新质生产力的必然路径。当前，全球进入大科学时代，科学研究的复杂性、系统性、协同性显著增强，一张 5500 万光年外的黑洞照

“数”“智”融合发力助推物流降本增效

随着智能分拣、智能安检、智能云仓和无人车、无人机等设施设备的大量运用，智慧物流将大数据、物联网等新技术融入供应链全过程各环节，推动货物和运力精准匹配，有效提升物流运作效率，打开了效益新增空间。图为国内一家物流企业运用智能分拣系统分发快递。

片需要调动全球 8 台射电望远镜“组网”拍摄，一个底层软件的流畅运行离不开多国程序员写下的几千万行代码作支撑……这也告诉我们，发展新质生产力所需要的技术、人才等要素的分布是全球性的、不均衡的，只有扩大高水平对外开放，建立高效畅通的全球要素流动机制、具有强大吸引力的开放制度，才能集聚全球先进优质生产要素。因此，必须以更加开放的思维和举措，推动建设更高水平开放型经济新体制，统筹高质量“引进来”和高水平“走出去”，促进技术、人才、数据等创新要素安全高效流动，支持各类经营主体全球范围优化配置先进优质生产要素，实施开放包容、互惠共享的国际科技合作战略，营造具有全球竞争力的开放创新生态。

作为新时代中国共产党人的重大理论创新和实践创造，因地制宜发展新质生产力是助力中国经济御风而行的强劲动能。我们要看准方向、坚定信心，以时不我待的紧迫感积极作为，同时保持历史耐心稳步前行，不急躁冒进、不急于求成，让发展新质生产力成为推进中国式现代化的开路先锋，使我国发展之路越走越坚实、越走越开阔。

5 科技兴则民族兴

——如何实现高水平科技自立自强？

科学技术是历史的有力杠杆，以一种不可逆转、不可抗拒的力量推动着人类社会向前发展。中华民族的先贤发明了造纸术、火药、印刷术、指南针，在天文、算学、医学、农学等多个领域创造了累累硕果，为世界贡献了众多科技创新成果，对世界文明进步影响深远、贡献巨大，也使我国长期居于世界强国之列。16 世纪近代科学在欧洲兴起后，中国却

同世界科技发展潮流渐行渐远，鸦片战争后更是一次次被经济总量、人口规模、领土幅员远远不如自己的国家打败，其根子之一就是科技落后。新中国成立以来，我们党带领人民奋起直追，取得了一个个举世瞩目的科技成就，有力推动国家不断发展进步。历史和现实启示我们，无科技不足以强国，中国要强盛、民族要复兴，就一定要大力发展科学技术，中国式现代化必须靠科技现代化作支撑。党的二十届三中全会提出构建支持全面创新体制机制，并对深化科技体制改革作出全面部署，就是要建设世界科技强国，不断夯实中国式现代化的物质基础。

◇ 新型举国体制优势何在

所谓举国体制，顾名思义，就是组织动员和调配全国各方面力量来实施某项重大任务的一种体制机制。值得注意的是，“举国体制”常被国外一些别有用心的人拿来作为攻击中国科技创新的噱头。其实只要稍加分析，便可发现此类言论谬之大矣。在世界工业化进程中，各类重大科技、重大工程的组织化程度要求越来越高，各国为调动各方资源形成集中力量，多以国家甚至超国家的组织和社会动员、市场激励等方式协同来实现突破。比如美国的曼哈顿计划、纳米计划、氢能计划、“信息高速公路”计划，日本的超大规模集成电路计划，欧洲的“尤里卡”

计划、“伽利略”计划等，可见通过重大专项组织科技攻关不是中国的特有“发明”，而是世界各国的惯常做法。

中国作为社会主义大国，具有集中力量办大事的制度优势，理所当然更有条件和能力聚全国之力、集四方之智，不断把举国体制坚持好、运用好。回想新中国成立初期，“两弹一星”的研发由中央专委负责并受最高决策层直接领导，其间调动 26 个部委、20 多个省份、1000 多家单位参与，终在万般艰难中创造了奇迹。其后，超级杂交水稻、青蒿素疟疾治疗、特高压输变电技术、高速铁路系统等重大科技创新，以及近年来“嫦娥”揽月、“天和”驻空、“天问”探火等重大战略成就，都是我们发挥举国体制优势的结果。

进入新时代，世界百年未有之大变局加速演进，国际环境错综复杂，科技创新成为国际战略博弈的主要战场，围绕科技制高点的竞争空前激烈。在此背景下，党中央提出构建新型举国体制，并运用于科技等诸多领域。党的二十届三中全会着眼完善科技创新体系，强调要健全新型举国体制，这对于打赢关键核心技术攻坚战、实现高水平科技自立自强具有重大战略意义。那么，相较于传统举国体制，新型举国体制到底“新”在哪里？其优势体现在何处？

新型举国体制与传统举国体制都强调国家的主导作用，但两者有明显不同。传统举国体制诞生于计划经济时代，解决的是“一穷二白”条件下工业体系、科技体系“从无到有”的问题，主要靠政府发挥力量整合和集聚的主体作用，更多的是计划经济下的政府统揽。新型举国体制是对传统举国体制的继承与创新，是社会主义市场经济条件下的新创造。它解决的是“从有到优”“从弱到强”的问题，既强调党和国家对重大科技创新的领导，又注重发挥市场机制的作用，充分运用行政、财税、金融、法律等多种手段，广泛利用财政资金、金融资本和社会资本等多个渠道，采取重大项目制、建立国家实验室、组建创新联合体和公司制等多种实现形式，更加尊重科学规律、经济规律和市场规律。

新型举国体制是新的经济社会环境的产物，也体现出不同于传统举国体制的新优势。在这一体制下，政府、市场、社会

“祝融号”火星车和“天问一号”火星探测器在火星的合影

中国首艘大洋钻探船"梦想"号入列

深海深渊一度被认为是海洋科考的"禁区"，但越是漆黑、高压、低温和地质运动活跃的"深海荒漠"研究，越能成为海洋研究的前沿领域。2024年11月17日，拥有最大1.1万米的钻深能力、我国自主设计建造的首艘大洋钻探船"梦想"号在广州正式入列，承担深海资源勘探、大洋科学钻探和深远海科学考察等多项使命，对服务国家能源资源安全保障、推动深海关键技术攻关、发展海洋新质生产力具有重要意义，标志着我国在深海进入、深海探测、深海开发上迈出了重要一步，是建设海洋强国、科技强国取得的又一重大成果。

的职能定位更加明确，政产学研用深度融合，技术、研发、市场、产业之间保持动态平衡，高校、科研院所、企业进行良性互动，共同致力于做大科技创新的"蛋糕"，从而使资源配置效益最大化、效率最优化，增强创新体系的整体效能。北斗卫星导航系统工程就是发挥新型举国体制优势的生动典范，全国范围内先后有400多家单位、30余万名科技人员参与研制，引入各领域、各类型的优势资源，创建了"多线并举""良性竞争"的新机制，攻克星间链路、高精度原子钟等160余项关键核心技术难关，500余种器部件实现国产化研制，"北斗三号"卫星核心器部件100%国产化。同时，新型举国体制还有很大的溢出效应。比如，在C919大飞机研发过程中涉及大量对新型材料、通信系统、导航系统、尖端零部件等的需求，这些需求将引领带动一大批产业跃升发展，有科学家形容这种效应就好像“母鸡下蛋，不断地下蛋”。

◇ 科技体制改革怎么深化

如果把科技创新比作我国发展的新引擎，那么改革就是点燃这个新引擎必不可少的点火系。我国科技体制改革可以追溯到1978年春召开的具有历史意义的全国科学大会。正是在这次大会上，我们党明确科学技术是生产力、科学技术现代化是实现四个现代化的关键，提出科学研究机构要建立技术责任制，实行党委领导下的所长负责制，开启了科研管理体制改革的进程。此后，我们党作出多个关于科技体制改革的决定，出台一系列关于科研计划和经费管理、科技成果、科技评价等方面的政策，我国科技发展面貌发生巨大变化。特别是党的十八大以来，党中央不断加强顶层设计，提出科技创新要“面向世界科技前沿、面向经济主战场、面向国家重大需求、面向人民生命健康”，成立中央科技委员会，重新组建科学技术部，推动我国科技领导和管理体制系统性重构、整体性重塑，科技体制改革不断深化拓展。

同时也要看到，科技领域是最需要不断改革的领域。从科技发展看，新一轮科技革命和产业变革深入发展，科学研究

“手撕钢”背后的科技创新

“手撕钢”厚度只有头发丝的 1/6，价格堪比黄金，是航空航天等高精尖技术领域的“宠儿”，被誉为钢铁行业“皇冠上的明珠”。近年来，山西太钢不锈钢精密带钢有限公司改变传统轧辊粗犷工艺，通过设备功能精度、工艺控制精度的“双精度管理”，解决了诸多“精度不精”难题，使得世界顶尖加工设备达到甚至超过了设计预期精度，出产厚度仅为 0.015 毫米、能徒手撕碎的“手撕钢”。

向极宏观拓展、向极微观深入、向极端条件迈进、向极综合交叉发力，不断突破人类认知边界，人工智能、量子科技等前沿技术集中涌现，引发链式变革，这对科学研究和技术转化都提出了全新的要求。从我国科技体制看，科技创新中的一些短板弱项尚未得到很好解决，组织化协同化程度不高，科技资源分散、重复等问题还不同程度存在，科技体制机制仍不够完善顺畅。只有通过进一步深化改革，才能在国际科技竞争中赢得优势、占据主动，加快建设世界主要科学中心和创新高地。党的二十届三中全会立足充分发挥我国体制机制优势、破解科技领域改革难题，提出了一系列重大创新制度和有力举措，有利于我们把科技体制改革的强劲“动能”转化为科技创新发展的巨大“势能”。

比如，优化重大科技创新组织机制。重大科技创新成果是国之重器、国之利器，具有前沿性、引领性、颠覆性等特点，其研究往往涉及多个部门、领域、团队和学科，是系统性社会化的“大生产”，靠单枪匹马、手工作坊式研究已不可能实现突破，必须有强大的组织机制。世界科技强国普遍高度重视重大科技创新的组织，有的专门设立决策议事协调机构，如美国白宫科技政策办公室、日本综合科学技术创新会议等。党的二十届三中全会着眼优化重大科技创新组织机制，强调要统筹强化关键核心技术攻关、加强国家战略科技力量建设，提出了完善国家实验室体系，优化国家科研机构、高水平研究型大学、科技领军企业定位和布局等一系列具体改革举措，其目的就是要调动一切重要创新资源，推动科技创新力量、要素配置、人才队伍体系化、建制化、协同化，引领科技创新大联合、大协作、大攻关，凝聚起推动科技创新的强大合力。

比如，完善科技成果转化机制。从某种意义上讲，科技创新不仅具有科学意义，同时也具有经济意义，从研究到开发再到应用是一个完整的链条。科技成果转化是科技创新的“最后一公里”，基础科学研究重在“从 0 到 1”的突破，科技成果转化则能够实现“从 1 到 N”的跨越。我国具有非常突出的产业基础优势和超大规模市场优势，自主攻关产品推广应用和迭代升级具有得天独厚的条件，如果科技成果转化的体制机制更加健全，那么将会有越来越多的科技成果从“实验室”走向“生

量子计算的中国速度："九章三号"震撼全球

随着人工智能技术的飞速发展，人类对计算机算力的需求显著增加。2023年，中国科学家发布的"九章三号"量子计算原型机，其可操纵的光子数目为255个，打破了光量子计算机中可控光子数目的世界纪录，为解决计算机算力需求问题提供了一个重要的路径和可能性。图为量子计算原型机"九章三号"实验装置（局部示意图）。

产线"，从样品变成产品，进而形成产业，成就科技与产业的"双向奔赴"。然而，目前我国很多科研成果往往发表后就被束之高阁，难以成功转化落地，科技成果转化率仅有30%，究其原因同我国科技创新体制研发与生产"两张皮"问题有很大关系。党的二十届三中全会提出"加强国家技术转移体系建设"，就是要建立健全技术转移机构和服务网络，拆除阻碍科技成果产业化的"篱笆墙"，搭建应用基础研究和产业化连接的"快车道"，促进创新链和产业链精准对接，推动科技成果顺畅流动和高效转化。同时，全会提出允许科技人员在科技成果转化收益分配上有更大自主权，意在使科技人员更加积极地参与到科技成果的转化工作中来，推动更多高质量的科技成果实现产业化，让更多优秀人才得到合理回报、持续释放创新活力。

比如，构建同科技创新相适应的科技金融体制。科技投入是支撑科技发展的必要条件，从科学研究到成果转化再到产业化，每一步都离不开金融的支持。不同主体、不同类型、不同阶段科技创新活动的风险特征千差万别，需要金融服务体系提供差异化的金融介入路径，构建多元化的科技投入格局。当前，我国已初步建成包括银行信贷、创业投资、资本市场、政府引导基金等在内的全方位、多层次的科技金融服务体系，但科技投入总量相对不足、结构不尽合理，与世界科技强国相比仍有差距。由于科创企业天生具备高科技、高风险、高收益、轻资产的特质，抵质押物不足，信贷融资极易受阻，与传统融资供给制度不匹配，融资压力仍是制约当前科创企业特别是中小微科创企业发展的核心问题。党的二十届三中全会围绕“构建同科技创新相适应的科技金融体制”作出部署，对促进科技与金融深度融合，实现科技、产业、金融三者良性循环，建设科技强国和金融强国具有重要意义。如完善长期资本投早、投

“科技产业金融一体化”专项

2021 年起，工业和信息化部会同证券交易所和各类投资机构开始实施“科技产业金融一体化”专项，引导各类资本投早投小投硬科技，为提高科技成果转化和产业化水平构建持续稳定的创新投入机制。同年，依托工业和信息化部及相关单位数据资源设立的非营利性公共服务平台——国家产融合作平台正式上线，旨在通过这一平台建立起科技产业金融协同合作机制，助力推动科技创新与产业创新深度融合。平台上线以来，累计助企融资超 1 万亿元。

小、投长期、投硬科技的支持政策，解决的是科技企业种子期和初创期的融资问题。这些企业规模小、资产轻、估值难而资金需求度高，可以充分发挥天使投资、风险投资、私募股权投资等创业投资力量对基础研究、应用研究、科技转化等创新活动的支持，推动企业的原创核心技术、前沿颠覆性技术突破并向现实生产力转化。

◇ 创新型人才队伍如何培养

功以才成，业由才广。世上一切事物中人是最可宝贵的，一切创新成果都是人做出来的，国家科技创新力的根本源泉也在于人。当前，现代科技革命多领域交叉渗透，全球围绕科技制高点开展的人才竞争空前激烈，可以说，谁拥有一流的创新人才，谁就拥有科技创新的优势和主导权。我国要走在世界科技创新前列、建设世界科技强国，人才队伍的培养至关重要。正是在这一背景下，党的二十届三中全会围绕构建支持全面创新体制机制这一目标，进一步对深化人才发展体制机制改革作出了系统部署，就是要以创新之教育培养创造之人才，以创造之人才造就创新之国家。

加快建设国家战略人才力量是创新型人才队伍培养的重中之重。在大科学时代，科学研究的复杂性、系统性、协同性显著增强，国家战略人才的重要性日益凸显。从目前情况来看，虽然我国研发人员总量多年居世界首位，人才基数大，但在顶尖科技人才方面相较于美国等发达国家有较大差距，高端人才不足仍是制约我国科技竞争力提升的短板，“钱学森之问”至今还没能得到圆满回答。以数字科技领域为例，《2023 全球数字科技发展研究报告》显示，中国数字科技人才总量 12.8 万人，占全球总量的 17%，位居第一，但高层次人才只有 0.7 万人，仅占全球总量的 9%。面向未来，我们需要实施更加积极、更加开放、更加有效的人才政策，加快建设国家战略人才力量，着力培养造就战略科学家、一流科技领军人才和创新团队等，以高水平人才队伍为中国式现代化提供有力支撑。

要使人才队伍后继有人、英杰辈出，必须切实做好创新人才的发现、选拔和培养工作。青年科技人才精力旺盛、思维活跃，是科技创新攻坚克难的排头兵。据统计，国家重点研发计划参研人员中，45 岁以下占比达 80% 以上，北斗导航、探

北斗卫星导航系统团队合影

国家超算无锡中心神工坊团队合影

山东推行科技人才评价综合改革试点

2024年1月，山东省出台《山东省科技人才评价综合改革试点方案》，确定了全省20家试点单位，将科技人才分为承担国家和省重大攻关任务类、基础研究类、应用研究和技术开发类、社会公益研究类，推动形成以创新价值、能力、贡献为导向的科技人才评价体系，进一步消除科技人才评价中“四唯”（唯论文、唯职称、唯学历、唯奖项）、评价标准“一刀切”等现象。图为该省试点单位山东大学组织推介优秀科技成果。

月探火等重大战略科技任务的许多项目团队平均年龄在30多岁。因此，党的二十届三中全会专门作出部署，强调要“完善青年创新人才发现、选拔、培养机制，更好保障青年科技人员待遇”。同时，人才培养还有一个自主性的问题。实践证明，关键核心技术是要不来、买不来、讨不来的，创新人才同样如此，必须掌握人才培养的主动权，提高人才供给自主可控能力。全会提出“完善人才自主培养机制，加快建设国家高水平人才高地和吸引集聚人才平台”，就体现了对这一问题的深刻洞察，将有力推动形成育才用才、引才聚才的良性循环，产生强大的“磁场效应”“虹吸效应”，促使更多优秀人才特别是青年拔尖人才脱颖而出。

人才不仅要培养，更要使用。要人尽其才，就要完善人才激励评价机制。好的激励评价机制，对人才的成长与发展、对构建良好的创新生态都至关重要。随着我国科技人力资源总量持续增长，人才队伍规模不断壮大，如何激发人才的创新创造活力成为一个关键问题。必须强化人才激励机制，为人才松绑，赋予科学家更大技术路线决定权、更大经费支配权、更大资源调度权。全会提出“建立以创新能力、质量、实效、贡献为导向的人才评价体系”，针对人才评价中的“唯帽子”问题持续深化治理，不论资历论能力，不看年龄看本领，避免简单以人才称号、学术头衔确定薪酬待遇、配置学术资源，从而让人才不必为报项目、发论文、评奖励、争资源而分心伤神，在更大程度上调动人才的积极性。

把我国建设成为科技强国，是近代以来中华民族孜孜以求的梦想，一代又一代中华儿女为之殚精竭虑、不懈奋斗。正所谓“好风凭借力，送我上青云”，通过进一步全面深化改革，我国定会抓住新一轮科技革命的历史契机，实现科技强国之梦，从而推动中华民族的发展跃升到新的高度。

6 以百姓心为心

——如何理解增进人民福祉是进一步全面深化改革的出发点和落脚点？

为谁而改革，这是一个关乎改革性质和成败的根本问题。坚持以人民为中心，我们的改革就拥有了正确的方向、坚定的立场，就充满了深厚的温情、无穷的动力。在党的二十届三中全会召开前的一次开门问策中，当有学者发言提到“接下来的这轮改革，力争让更多群体有更强的获得感”时，习近平总书

记赞许道："这句话正是点睛之笔，老百姓的获得感是实实在在的。"民之所忧，我必念之；民之所盼，我必行之。我们党对人民的这种大爱，全面而深刻地体现在这次全会作出的各项部署中，尤其集中体现在增进民生福祉的具体举措中。党的二十届三中全会坚持尽力而为、量力而行的原则，聚焦人民最关心最直接最现实的利益问题，着力健全保障和改善民生制度体系，推动人民对美好生活的向往不断化为现实。

◇ 收入分配怎样更公平

收入分配，一头连着老百姓的"钱袋子"和"好日子"，一头连着国家的改革发展稳定大局，是改善民生福祉、实现共享发展最重要最直接的方式。收入分配的关键，就在于处理好效率与公平的关系。事实证明，经济增长并不会自发消除分配不均与贫困问题，反之，高度不平等还会损害经济可持续增长与减贫效果。一些国家没有处理好效率与公平的关系，要么一味追逐效率，罔顾社会公平，导致严重的贫富两极分化、中产阶层塌陷；要么以牺牲效率为代价片面强调公平，掉入福利主义陷阱，付出巨额财政赤字、经济增长停滞的惨痛代价。如何既避免片面追求效率而造成富者愈富、穷者愈穷的马太效应，又避免片面追求公平而影响社会活力的释放，可谓人类社会发展的一个难题。

我国作为社会主义国家，实行以按劳分配为主体、多种分配方式并存的分配制度，坚持按劳分配与按生产要素分配相结合的分配方式。相较于建立在生产资料私有制基础上的资本主义分配制度和分配方式，我们更有底气、更有能力建设公平而有效率的分配制度，这也是社会主义制度的题中应有之义。党的十八大以来，我们从调整分配制度、健全社会保障、打击非法收入等多方面入手，推出许多增加国民收入和缩小收入差距的政策举措，特别是如期打赢脱贫攻坚战，历史性消除了绝对贫困，全面建成小康社会。通过努力，我国居民人均可支配收入实际增长超八成，2023 年达到 3.92 万元，形成超过 4 亿人口的世界上最大规模中等收入群体，城乡、地区和不同群体居民收入差距总体上趋于缩小。

同时也要看到，我国在收入分配领域面临的深层次矛盾和问题还不少，如居民收入在国民收入分配中的比重、劳动报酬在初次分配中的比重仍然偏低，不同所有制、行业和群体的就

企业薪酬调查和信息发布制度

2018 年 5 月，人力资源社会保障部、财政部发布《关于建立企业薪酬调查和信息发布制度的通知》，提出建立统一规范的企业薪酬调查和信息发布制度，要求各级人力资源社会保障部门原则上每年开展一次企业薪酬调查，并按照国家有关规定发布调查信息。自 2018 年以来，人力资源社会保障部已连续 6 年发布企业薪酬调查信息，为深化工资分配制度改革、调节工资分配关系提供重要参考。

青海海西发展特色产业促进农牧民增收

青海省海西蒙古族藏族自治州出台《海西州促进农牧民增收若干措施》，打造青稞、藏羊、枸杞、藜麦等产业集群，落实发展产业、带动就业、落实补贴等措施，培育州级以上农牧业产业化重点龙头企业 90 家、示范性家庭农牧场 108 家，带动 2.42 万户农牧民群众增收。2024 年前三季度全州脱贫人口人均纯收入 19120.64 元，实现转移就业 7.2 万人次。图为该州郭勒木德镇发展牦牛、藏系羊产业。

业人员之间还存在不合理的收入差距，居民收入和财富的基尼系数仍处高位。究其原因，既与我国当前经济社会发展的阶段相关，也与分配方面的体制机制不完善有关。党的二十届三中全会深刻把握“做大蛋糕”与“分好蛋糕”的辩证关系，作出一系列完善收入分配的制度安排，必将有力推动现代化建设成果更多更公平惠及全体人民。

比如，构建初次分配、再分配、第三次分配协调配套的制度体系。这三次分配各有其特点，都发挥着独特的作用。初次分配是按照生产要素对国民收入贡献的大小进行的分配，主要由市场机制形成，更强调效率原则。全会提出要“完善劳动者工资决定、合理增长、支付保障机制，健全按要素分配政策制度”，将有助于提高居民收入在国民收入分配中的比重，提高劳动报酬在初次分配中的比重。再分配是在初次分配基础上，对部分国民收入进行的重新分配，主要由政府调节机制起作用，更注重公平原则。全会提出要“完善税收、社会保障、转移支付等再分配调节机制”，就是为了弥补和矫正初次分配功能性、结构性缺失，让分配更加公平。第三次分配是在道德、文化、习惯等影响下，社会力量自愿通过民间捐赠、慈善事业等方式济困扶弱的行为，是前两次分配的有益补充，也被喻为促进社会公平正义的“温柔之手”。全会提出“支持发展公益慈善事业”，这与中华民族扶危助困的优良传统相契合，有利于运用道德力量优化调整分配结构，促进有效市场、有为政府与有爱社会深度结合、互为补充。

比如，规范收入分配秩序。在这方面，全会的重要原则就是提低、扩中、调高。在“提低”方面，当前我国低收入

多措并举当好农民工“护薪人”

近年来，我国制定出台《保障农民工工资支付条例》《工程建设领域农民工工资专用账户管理暂行办法》《拖欠农民工工资失信联合惩戒对象名单管理暂行办法》等一系列法规制度，构建起层次清晰、覆盖全面的根治欠薪制度体系，形成事前预防、事中监管、事后处置的闭环管理。当前，“用制度防欠薪”的效果逐步显现，农民工欠薪现象得到明显遏制。图为农民工领取被拖欠的工资。

群体数量还比较大，必须设法提高他们的收入水平。有学者测算，如果低收入人群中有20%的人能够升级成为中等收入人群，社会总消费就能够提高8%左右，将大大提高共同富裕的成效。在“扩中”方面，我国中等收入群体规模目前为4亿多人，可以说总量不少，但以14亿多人口的基数计算，所占比重约为30%，显然还不够高。应当在稳住存量、提高现有中等收入群体收入水平的同时，提升增量、瞄准重点人群精准施策，推动更多人迈入中等收入行列。在“调高”方面，要合理调节过高收入、取缔非法收入，加强反垄断和反不正当竞争，规范资本性所得管理，清理规范不合理收入，同时加强对权力集中、资金密集、资源富集领域行业秩序的监管整治，坚决遏制权钱交易，打击内幕交易、财务造假等获取非法收入行为。

◇ 充分就业应该朝哪发力

就业是最基本的民生。对于一个拥有14亿多人口的大国而言，充分就业是解决民生问题最基础、最有效的手段。新时代以来，我们党坚持把就业工作摆在治国理政的突出位置，深入实施就业优先战略，强化就业优先政策，健全就业促进机制。在面对经济社会发展内外部严峻压力的情况下，我国城镇年均新增就业超过1300万人，脱贫劳动力外出务工规模稳定在 3000 万人以上，城镇调查失业率保持较低水平，为民生改善和经济发展提供了重要支撑。

我国劳动人口众多，经济结构正在深刻调整，就业面临的既有老问题又有新问题。一方面，虽然我国经济保持增长，但就业市场的供需矛盾依然突出，近几年我国城镇新增劳动力都在 1200 万人以上；另一方面，随着产业升级和结构调整，部分传统行业就业岗位减少，而新兴行业需要的人才又呈现出结构性短缺。因此，现阶段就业工作仍面临总量压力和结构性矛盾的双重挑战，促进高质量充分就业还有大量工作要做。党的二十届三中全会提出要完善就业优先政策，健全高质量充分就业促进机制。

着力解决结构性就业矛盾。结构性就业矛盾是当前我国就业领域的主要矛盾，反映的是人力资源供给与岗位需求之间在特定领域的不匹配，“有人没活干”与“有活没人干”并存。解决问题的关键，就在于加快塑造素质优良、总量充裕、结构优化、分布合理的现代化人力资源。要适应新一轮科技革命和产业变革，科学研判人力资源发展趋势，完善供需对接机制，力求做到人岗相适、用人所长、人尽其才，提升就业质量和稳定性。同时，引导全社会牢固树立正确就业观，把个人的理想和专长融入党和国家事业发展需要之中，客观看待个人条件和社会需求，以择业新观念打开就业新天地。比如，针对大学毕业生“求稳”心态明显，考研、考公、考编热度不减，以及缺

家门口的“就业之家”

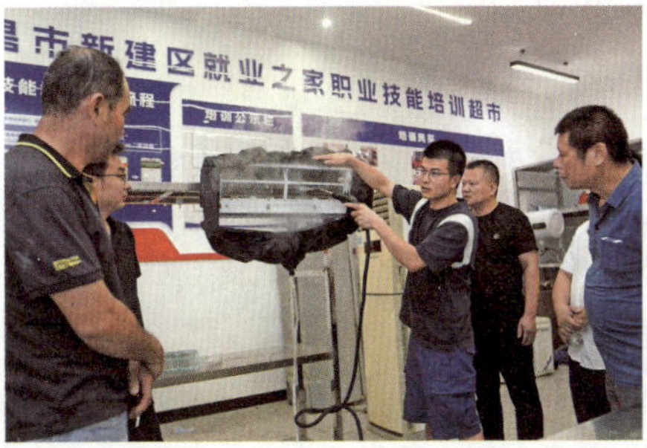

近年来，江西省南昌市新建区在各乡镇及有需求的社区（村）建成52个“就业之家”，为城镇登记失业人员、农村转移劳动力、退捕渔民等重点群体提供家政服务、家电清洗、电子商务、美容美甲等职业技能培训，让周边居民在家门口就能接受公共就业服务。2024年1—9月，该区“就业之家”夜校共开展就业培训116期，培训3000多人，其中1600人取得了初级、中级职业资格证书。图为该区居民在“就业之家”接受职业技能培训。

乏明确的职业规划和定位等现象，可开展职业生涯规划教育、专业认知教育、就业能力培养和就业价值观引导等工作。

完善重点群体就业支持体系。稳住重点就业群体就稳住了就业基本盘，高校毕业生、农民工、退役军人是当前需要重点支持的就业群体。近年来高校毕业生人数屡创新高，2024年更是超过1170万人，未来一段时间预计每年将维持在1000万人以上，就业难度不小。因此，必须提升人力资源供需的“适配度”，不断增加岗位资源的“供给量”，完善高校、职业院校学科专业设置和人才培养模式，努力创造更多适合高校毕业生特点的就业岗位。2023年，我国农民工规模约2.98亿人，然而农民工就业质量不高、稳定性较差、收入偏低，权益保障还存在不少短板。要坚持农民工外出就业和就地就

广东广州打造招聘会品牌助力退役军人就业路上再“冲锋”

近年来，广东省广州市高度重视退役军人就业工作，坚持政策先行、需求牵引、社会参与，积极为退役军人搭平台、找路子、供信息、解难题，大力宣讲优惠政策，倾心打造就业创业品牌，打好“政策＋服务”组合拳，通过“线上＋线下”专场招聘会的方式，精准帮扶退役军人、军属实现高质量充分就业。图为广州市番禺区退役军人事务局组织的“戎归禺山”退役军人、军属专场招聘会现场。

近就业并重，多措并举促进农民工就业，同时稳定脱贫人口务工规模和务工收入，防止因失业导致规模性返贫。退役军人为国防和军队建设作出了重要贡献，目前全国有 3900 多万退役军人，每年还将新增 40 多万人。退役军人长期在部队服役，知识体系、职业素养与市场就业环境存在较大差异，需要给予退役军人更多就业关怀和帮扶，落实各项就业援助政策措施。

营造公平就业环境。近年来，黑中介、假招聘等违法违规问题时有发生，学历、年龄、性别、健康等就业歧视依然存在。促进就业机会公平，就是要破除这些不合理的限制条件，创造更为公平的就业环境。如健全劳动法律法规，完善劳动关系协商协调机制，维护好劳动者在劳动报酬、休息休假、劳动安全、职业技能培训、社会保险和福利等方面的合法权益。又如加强技能培训力度，强化重点领域高技能人才培养，广泛实施新业态领域就业技能培训，支持各类市场主体依法设立职业培训机构。再如加强劳动市场监管和监察执法，加大对就业歧视现象的纠治力度，有效治理欠薪欠保、过度加班、违法裁员等乱象。促进就业机会公平，还须畅通社会流动的渠道，深化人事制度改革，打破人才流动中的体制机制壁垒，促进人才合理流动。

◇ 让社会保障更加温暖有力

社会保障是民生保障的“安全网”、收入分配的“调节器”、经济运行的“减震器”。世界各国发展水平、社会条件、文化传统等不同，社会保障制度必然多种多样。从国际上看，社会保障主要有3种模式，即普惠型福利型国家保障、以社会保险为主体的社会共济、公积金计划储蓄积累。目前，我国以社会保险为主体，包括社会救助、社会福利、社会优抚等制度在内，功能完备的社会保障体系基本建成，是世界上规模最大的社会保障体系。要看到，这一保障体系是在人口多、底子薄、城乡区域差距大的基本国情基础上建立的，是在快速工业化、城镇化等剧烈社会变迁中建立的，意义巨大，也十分不易。我国在社会保障方面取得的成就得到国际社会高度评价，中国政府被国际社会保障协会授予“社会保障杰出成就奖”。

新时代以来，我国社会保障体系建设进入快车道，相继实施了一系列重大改革举措。我们统一城乡居民基本养老保险制度，实现机关事业单位和企业养老保险制度并轨，建立企业职工基本养老保险基金中央调剂制度，整合城乡居民基本医疗保险制度，全面实施城乡居民大病保险，组建国家医疗保障局，为人民的美好生活奠定了坚实基础。同时，随着我国社会主要矛盾发生变化和城镇化、就业方式多样化加快发展，我国社会保障体系也出现了许多需要完善的地方，如制度之间转移衔接不够通畅，“漏保”“脱保”“断保”还不同程度存在，城乡、区域、群体之间待遇差异不尽合理，一些地方社保基金存在“穿底”风险等。针对这些短板和痛点，党的二十届三中全会提出了众多改革举措，目的就是进一步织密织牢社会保障安全网，让人们更加安心、更无后顾之忧。

全会提出“完善基本养老保险全国统筹制度”，这是巩固和强化基本养老保险兜底作用的重要之举。我国养老保险制度自 20 世纪 90 年代建立以来，从县级统筹起步，逐步提高统筹层次。2020 年年底，各省份都实现了基金省级统收统支，解决了本省份地区间基金负担不均的问题。但由于我国区域发展不平衡，经济发展水平、人口年龄结构等存在较大差异，各省份养老保险基金结构性矛盾日益突出，一些省份基金结余比较多，而另一些省份则支出压力较大，需要在全国范围内调剂使用。2018 年以来，我国建立并实施了养老保险基金中央调剂制度，对各省份养老基金进行适度调剂，有效缓解了社保基金收支的区域结构性矛盾，确保了养老金按时足额发放。全会提出的相关具体改革举措，就是在此基础上推进企业职工基本养老保险全国统筹，完善统筹资金调剂机制，增强社会保障可持续性，夯实稳健运行的制度基础。

全会提出“健全灵活就业人员、农民工、新就业形态人员社保制度”，这是弥补我国现有劳动法律制度不足、确保国家社保制度有效覆盖的需要。以新就业形态人员为例，他们主要是指依托互联网平台就业的人员，如网约车司机、快递员、外卖配送员等。据统计，截至 2023 年 3 月，我国新就业形态劳动者约 8400 万人，占职工总数的 21%，其中多数是 35 岁以下的年轻劳动者。这些劳动者往往从一个或多个平台接受任务分派，传统劳动关系“解绑”，陷入无雇主或多雇主的“去劳动

重庆九龙坡一站式调解新就业形态劳动纠纷

近年来，围绕新就业形态劳动者权益保障，重庆市九龙坡区构建“线上 + 线下”维权平台，依托新就业形态劳动纠纷云调解室，设立新就业形态劳动者综合服务中心，探索新业态职业伤害保障机制，建立“劳动维权 + 就业帮扶”机制，为新就业形态劳动者提供法律援助、纠纷调解等一站式服务。图为新就业形态劳动者在该区一站式调解中心调解劳动纠纷。

“新职伤”筑起职业保障“防护网”

2022年7月起，人力资源社会保障部等部门在北京、上海、四川等7省市的7家平台企业开展新就业形态就业人员职业伤害保障试点。截至2024年9月下旬，7个试点省市累计参保“新职伤”的人员超过900万人。图为四川省成都市金牛区市民参观“新职伤”试点2周年成果展示。

关系”困境，加之一些平台企业为降低成本有意规避劳动关系，导致从业人员劳动关系认定难、劳动合同签订率低、社会保险不足、劳动权益保障有盲区，劳动者的风险难以通过社会化的方式有效化解。为此，必须加紧制定完善相关法律法规、制度体系和政策措施，引导支持新就业形态劳动者参加社会保险，提高他们的社会保障水平。

全会提出“加快构建房地产发展新模式”，这是适应我国房地产市场供求关系重大变化、满足人们更高居住需求的重要举措。20世纪90年代，我国城镇住房出现严重短缺，通过改革住房分配制度、出台一系列支持政策，实现了从福利分房到主要通过市场解决住房问题的重大转变，房地产市场快速发展，人民居住条件显著改善，基本解决了住房“有没有”的问题。近年来，随着经济社会持续发展以及新型城镇化深入推进，住房市场发生了一些新的变化，比如保障性住房供给相对不足，大城市房价高，新市民、青年人住房负担重，人们提升居住品质的愿望凸显，“高负债、高杠杆、高周转”的房地产发展模式亟待转型等。全会提出的加大保障性住房建设和供给、支持城乡居民多样化改善性住房需求、改革房地产开发融资方式和商品房预售制度等系列举措，可谓有的放矢、直击弊病，必将推动实现住有所居、居有所安。

◇ 用改革守护人民健康

健康是民族昌盛和国家富强的重要标志，也是广大人民群众的共同追求。个人健康是立身之本，人民健康是立国之基。经过多年努力，我国服务全民的基本医疗卫生制度框架基本建立，覆盖城乡的医疗卫生服务网络不断健全，人均预期寿命从 2012 年的 73.5 岁提高到 2023 年的 78.6 岁，孕产妇死亡率、婴儿死亡率分别降至 15.1/10 万、4.5‰，主要健康指标居于中高收入国家前列。

随着经济社会发展水平的提高，人民群众更加重视生命质量和健康安全，既希望看得上病、看得起病，也希望看得好病、看病更舒心。为了解决群众看病就医中直接而现实的问题，解决卫生健康事业发展中不平衡不充分的矛盾，党的二十届三中全会对深化医药卫生体制改革进一步作出部署安排。

"数"说新中国成立75年来卫生健康事业发展成就

比如，着力缓解"看病难"问题。看病难是不同发展水平国家面临的共性难题，这与优质医疗资源分配不均、患者的地区差异和经济状况、人口增长和老龄化趋势加剧引起的医疗服务需求急剧增加等相关。近年来，我国持续加强城乡医疗卫生服务体系建设，大力推动优质医疗资源扩容和下沉，2023年各级各类医疗卫生机构诊疗能力比2012年提升近四成，越来越多的群众在家门口就能享受优质医疗服务。同时，当前基层医疗服务能力仍相对薄弱，医疗资源供需失衡的"倒金字塔"结构状况没有得到根本缓解。全会提出"促进优质医疗资源扩容下沉和区域均衡布局，加快建设分级诊疗体系，推进紧密型医联体建设，强化基层医疗卫生服务"等举措，就是要推动医疗卫生工作重心下移、资源下沉，推动形成合理的就医和诊疗格局，实现小病不出村、大病不出省，真正让"看病难"不再难。

比如，有效减轻“看病贵”负担。从医保谈判代表“灵魂砍价”，到“国家队”推进药品和医用耗材集中带量采购；从全面推开公立医院综合改革，到基本医疗保险跨省异地就医直接结算……一系列医改措施的推出，持续降低群众就医成本。然而受多种因素影响，过度诊疗、欺诈骗保、医药领域腐败违规等问题尚未杜绝，一定程度增加了群众就医费用。全会提出“促进医疗、医保、医药协同发展和治理”“深化以公益性为导向的公立医院改革，建立以医疗服务为主导的收费机制”“创新医疗卫生监管手段”，目标之一就是从以“降价”为重点的医保端控费改革逐渐进入以“控量”为重点的医疗行为规范上，切实让群众看病用药费用降下去。

比如，大力倡导“大健康”理念。保障人民健康是一个系统工程，新时代人民健康服务不仅包含治病救人，还包括人民

国家组织药品和高值医用耗材集中带量采购

2018 年 11 月，经中央全面深化改革委员会同意，国家在 11 个城市组织药品集中采购试点，以完善带量采购方法换取更优惠的价格，目前已发展为常态化制度，形成全国联盟集中采购。2018—2023 年，国家医保局已组织开展 9 批国家组织药品集采，共纳入 374 种药品，平均降幅超 50%。高值耗材降价显著，其中不乏像冠脉支架价格从上万元降至不足千元的“灵魂砍价”。6 年来，医药集采大幅减轻了群众医疗负担，医保目录累计新增药品 744 种，谈判药品已经惠及参保患者 7.2 亿人次，叠加谈判降价和医保报销等多重因素，累计为患者减负超过 7000 亿元。

的体育锻炼、心理健康、疾病预防等方方面面，因此既要做好“治病”的工作，也要持续在“防病”上下功夫。我们要从过去的“被动医疗”走向“主动健康”，持续推进健康中国建设，建立健全大卫生大健康格局，既用好医疗卫生服务的“小处方”，也发挥好社会整体联动的“大处方”作用，特别是坚持“三医协同”“全社会协同”的工作理念，突破部门之间分头治理的弊端，提高卫生健康政策的系统性、协调性、一致性，同时积极弘扬中国传统健康文化，不断提升全民健康素养，推广“每个人是自己健康第一责任人”的观念，践行健康文明的生活方式。

◇ 老龄化少子化如何应对

人口是现代化建设最基本的支撑，人口问题始终是一个全局性、长期性、战略性问题。改革开放以来的很长一段时间里，我国的人口发展态势表现为生育率逐步降低、劳动年龄人口迅速增长、人口抚养比下降、人均受教育年限增加等，这为经济高速增长提供了有力支撑。但由于长期处于低生育率水平，导致人口增长转负、劳动年龄人口减少、人口老龄化加剧，我国人口环境和条件发生了深刻变化。2022 年以来，我国人口发展已经进入减量阶段，同时进入以 65 岁及以上人口占比超过 14% 为标志的中度老龄化社会。

从世界范围看，人口老龄化和生育率下降是一个较为普遍

深圳福田打造"15 分钟优质养老服务圈"

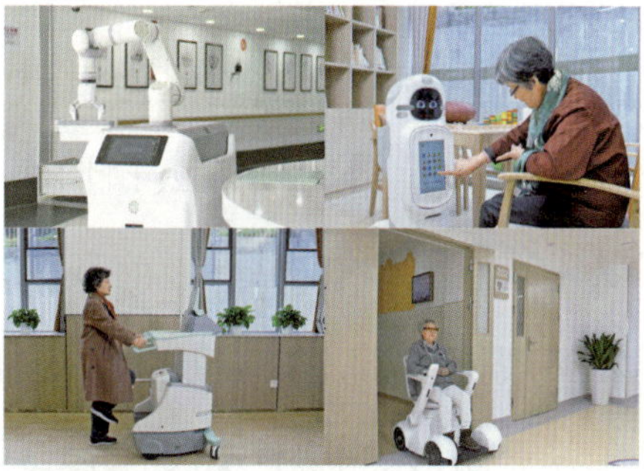

福田区是广东省深圳市中心城区，该区户籍老人数量占全市 1/3。近年来，福田积极打造高品质都市养老模式，部署养老服务创优、养老床位扩增、智慧养老提质、长者食堂延伸 4 项养老专项行动，打造"1+10+N"都市社区养老发展路径，推出深圳首个智能养老服务系统，借用信息技术汇总长者数据，主动匹配老人个性化需求，把分散的养老服务机构整合成为功能明确、分布合理的养老服务网络，构建具有福田特色的"15 分钟优质养老服务圈"。图为该区的老年人在体验智慧康养服务。

的现象。2005 年全球开始进入 65 岁及以上老人占比超过 7% 的人口老龄化阶段，2015 年后世界人口老龄化进程加速，老年人口占比增速由每年不到 0.1 个百分点增至 0.2 个百分点，2023 年全球 65 岁及以上老龄人口超过 8 亿。全球生育率也在持续下降，有数据显示，2021 年全世界高收入国家的平均总和生育率为 1.56、欧洲和北美平均总和生育率为 1.54、较发达地区平均总和生育率为 1.52，均低于 2.32 的世界平均水平和 2.1 的人口更替水平。从成因来看，老龄化主要由人均寿命延长以及少子化两方面因素叠加造成，而少子化主要受到生育基础削弱、生育观念改变、生育养育成本较高等因素影响。

当前中国人口结构"变老"、人口规模"变小"的新现象，将对经济潜在增速、劳动力成本、社会总体负担等产生一定影响。党的二十届三中全会以系统观念统筹谋划人口问题，提出要以应对老龄化、少子化为重点完善人口发展战略，健全覆盖全人群、全生命周期的人口服务体系，促进人口高质量发展。可以说，全会既抓住了当前我国人口的主要矛盾，又在遵循人口发展规律基础上综合施策。这是因为，解决生育意愿问题关键在养育阶段，但不仅仅在养育阶段；解决养老问题主要在老龄阶段，但也不仅仅在老龄阶段，必须一体考虑。

比如，推动建设生育友好型社会。生育是人口发展的源头，提高生育率是缓解我国人口老龄化、少子化的关键举措。无论是从经济社会发展的角度还是人口变化趋势的角度，必须格外关注我国生育率下降的速度。有统计数据显示，1950—2021 年，美国总和生育率从 2.9 降至 1.7，日本从 3.7 降至

四川攀枝花推动建设“幼有所育”生育友好型城市

继 2021 年成为我国第一个发放育儿补贴的城市后，四川省攀枝花市于 2024 年 7 月 30 日又印发了《攀枝花市发放托育补贴券实施办法（试行）》，明确从 2024 年 9 月 1 日起，在攀枝花市符合条件的普惠托育机构（含招收 2—3 岁幼儿的幼儿园）入托的 0—3 岁婴幼儿，将按照 200 元 / 人 / 月的标准发放托育补贴券，政策试行期为 1 年，努力打造促进人口长期均衡发展的“攀枝花样本”。

1.3，印度从 5.7 降至 2.0，都远小于中国从 6.1 到 1.2 的降幅。从其他国家的先例来看，生育率在较低的水平上长期徘徊后，通常难以再回升到更替水平。不过，促进总和生育率向这个方向靠近，或者在目前水平上有明显的提高，应该成为政策努力达到的目标。因此，必须采用有效激励办法保持适度生育水平和人口规模，不断激发“生”的意愿、解决“育”的难题和减轻“养”的负担，切实提高生育意愿。全会提出“完善生育支持政策体系和激励机制”“有效降低生育、养育、教育成本”，都是直击痛点的明确安排和利好举措，契合了社会各界的一致期盼。要在完善生育休假制度、建立生育补贴制度、提高基本生育和儿童医疗公共服务水平、加大个人所得税抵扣力度等多个方向持续用力，促进生育率向更可持续水平回升。

比如，完善发展养老事业和养老产业政策机制。从国际对比看，从 7% 的老龄化到 14% 的中度老龄化，法国用了 126 年、英国用了 46 年、德国用了 40 年，而中国只用了 21 年。超大规模的老年人口带来了“未富先老”“未备先老”等烦恼，也蕴藏着巨大的“长寿红利”和市场潜力。一方面，要正视老龄化对劳动力资源、养老保险基金等带来的压力。全会提出“按照自愿、弹性原则，稳妥有序推进渐进式延迟法定退休年龄改革”，综合考虑了人口、制度和劳动者三方面的因素，借鉴了先期进入老龄社会的国家和地区的主要做法，有助于更充分挖掘大龄劳动者的人力资本和劳动力潜力，提高养老金发放的长期可持续性。从2025年1月1日起，我国将用15年时间，逐步将男职工的法定退休年龄从原60周岁延迟到63周岁，逐步将女职工的法定退休年龄从原50周岁、55周岁，分别延迟到55周岁、58周岁。另一方面，要用好老年群体的人力资源，这是我国规模庞大人力资源的一支重要生力军，也应该成为需求效应显著的一个消费群体。全会提出要发展“银发经济”，就是着眼于为老年人提供所需产品和服务，这既可以解决急难愁盼民生需求，也能够通过挖掘老年人消费潜力扩大内需，从而支撑经济长期增长。

悠悠万事，民生为大。我们党的目标很宏伟，也很朴素，归根结底就是让全体中国人民都过上好日子。进一步全面深化改革的一个个决策部署，推进民生领域改革的一项项政策举措，都是朝着这个目标迈进的坚定步伐，都是为了增进人民群众的获得感、幸福感、安全感。这是我们党的初心所在，也是我们党的责任所在。

7 培育理性平和的社会心态

——如何看待当前中国的社会心态？

躺平、内卷、佛系、精神内耗、情绪价值……这些有些人时常挂在嘴边的“流行语”，不仅表达着人们的特定情绪和内心感受，也引发了人们对社会心态的广泛关注。一段时间以

来，无论是现实生活中还是网络世界里，许多职场人甚至小学生都在吐槽“压力山大”，各式各样的“解压神器”备受青睐，焦虑、迷茫等消极心态似乎日趋普遍。良好的社会心态是社会正常运行的重要基础，关乎社会稳定和人民幸福，可谓“兹事体大，不可不察”。这就需要我们理性分析当前我国社会心态的总体状况，深入探究社会心态之变背后的内在机理，从而培育和塑造更为积极、更加健康的社会心态。

◇ 厘清当下社会心态的主流和支流

社会心态是整个社会总体性的心理倾向和情绪态度，也通过现实的、具体的个人内心感受和心理体验表现出来。如果把社会心态比喻成一条河，那么每个人的心理状态都是这条河里的一滴水珠、一朵浪花，并且相互影响、彼此感染，共同汇成了这条河的总体面貌。因此，我们把握当前中国的社会心态，既要看这条河的水珠和浪花，更要观其全貌和全域；既要看河面上的波澜和起伏，更要看静水深流和流势走向。也就是说，关键就在于辨析其主流和支流，同时高度关注展现出来的新变化。只有这样，才能得出相对客观、令人信服的结论。

那么，当前我国社会心态有哪些特点？总的来说，就是两句话。第一句是整体上呈现积极健康、向上向好的态势，第二句是相对消极的心态在一定程度上有所显现。

近年来的“十大流行语”

《咬文嚼字》编辑部近年来每年公布“十大流行语”，其中许多耳熟能详的常用语，也是社会心态的自我摹写。

2020 年：人民至上，生命至上；逆行者；飒；后浪；神兽；直播带货；双循环；打工人；内卷；凡尔赛文学。

2021 年：百年未有之大变局；小康；赶考；双减；碳达峰，碳中和；野性消费；破防；鸡娃；躺平；元宇宙。

2022 年：踔厉奋发、勇毅前行；中国式现代化；新赛道；大白；烟火气；天花板；拿捏；雪糕刺客；精神内耗；沉浸式。

2023 年：新质生产力；双向奔赴；人工智能大模型；村超；特种兵式旅游；显眼包；搭子；多巴胺 ××；情绪价值；质疑 ××，理解 ××，成为 ××。

2024 年：数智化；智能向善；未来产业；city 不 city；硬控；水灵灵地 ×××；班味；松弛感；银发力量；小孩哥/小孩姐。

中国社会心态最明显的特点，就是今天的中国人更加自尊自信。正如习近平总书记所指出的，“70 后、80 后、90 后、00 后，他们走出去看世界之前，中国已经可以平视这个世界了”。从仰视到平视，中国人的这种自尊自信经历了一个重新建构的过程。以文化视角观之，在新文化运动时期，不少知名人士就曾主张废除汉字，认为“中国文字，既难传载新事新理，且为腐毒思想之巢窟，废之诚不足惜”，宣称欲使中国不亡必须废孔学，而欲废孔学不可不先废汉字。虽是出于求发展、求进步之心，亦可见当时的不自信程度之深。从积贫积弱、饱受欺凌到独立自主、全面小康，在民族走向复兴、国家走向强盛的历史进程中，中国人的志气、骨气、底气日渐增强，心态上也实现了从极度自卑到自信自强的转变。“此生无悔入华夏，来世还做中国人”“我们不是生活在没有战争的时代，而是生活在一个没有战争的国家”……这些话语都生动表达着人们对国家的认同、对发展的信心。这种自尊自信的心态，也在人们日常生活中得到体现和印证。比如，听古风乐、练八段锦、穿新中式服装，追逐国潮日渐成为新风尚，网友将其戏称为中国人的“血脉觉醒”。一切流行皆是社会心态的反映，“血脉觉醒”的背后，是当代中国人对自己国家、民族的深沉热爱和由衷自信。

当前中国社会心态的另一个显著特点，就是更为理性平和。自近代起，在与外来物质文明和思想文化的碰撞交织中，

奥运冠军——从英雄到朋友

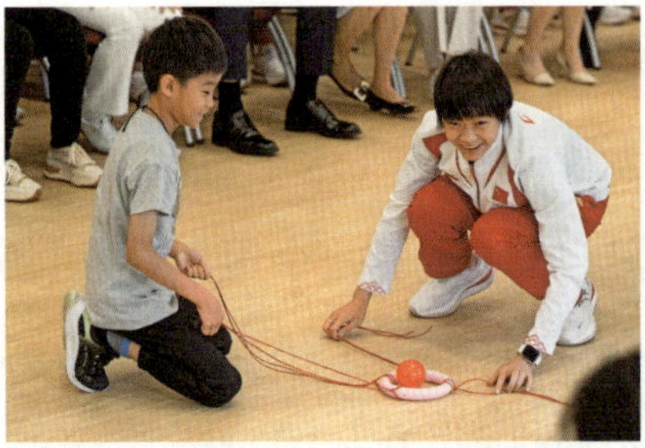

1984 年 7 月，射击运动员许海峰在第二十三届奥运会上夺冠，实现了中国在奥运会金牌榜上“零”的突破，全国人民极大振奋，万众沸腾。很长一段时间，奥运冠军都是中国人心中敬仰的“体育英雄”。几十年过去，当今的中国不仅在体育竞赛中成绩斐然，还成为多场奥运盛会的东道主。中国人民心中奥运冠军的形象也悄然发生了变化，不再是只能仰望的英雄，而更是可亲可爱可敬的朋友，这也反映了中国发展进步背后人们心态的转变。

中国人的心态曾经历过不少激烈的震荡。100 多年前，在西方的坚船利炮和文化冲击之下，我们的民族自信心跌入谷底，落后挨打的痛楚致使国人心态趋于敏感而激进。改革开放后国门大开，五光十色的西方世界向我们扑面而来，现实的差距同样震动着我们的心灵，非理性的声音不绝于耳，不少人称"外国的月亮比中国圆"。经过长期艰苦奋斗，我们不仅取得了举世瞩目的发展成就、积累了自信底气，社会心态也逐渐变得成熟起来，日渐趋于平和而从容。现在，我们能更加理性地看待自己的国家和社会，更加客观地看待自身的优势和不足。比如，面对经济社会发展中的矛盾和问题，更多人不再只是简单抱怨或其他情绪化表达，而是多了一份理性、一些思考；面对极少数国家的"唱衰"或"捧杀"，大家比以往淡定从容多了，心态上也不会随之忽上忽下、时喜时忧；面对网络上一些"耸人听闻"的事件，更多人选择"让子弹飞一会儿"；等等。这种理性平和的心态，反映了人们对国家和社会的信心，是中国人在经历了诸多起伏后历练出来的，说明整个社会心态更具韧性、更加稳定。

更加开放和包容也是当前中国社会心态的一个鲜明特征。随着中国与世界的交流越来越频繁，今天的中国人视野更加广阔，心胸也更加开阔，更能以包容的而非偏狭的、共情的而非自我的心态来认识世界的多样性和差异性，愿以"美美与共"的态度理解不同于自己的文化和观念。这种开放和包

来自河北省阜平县的马兰花儿童声合唱团在 2022 年北京冬奥会开幕式上用希腊语演唱奥林匹克会歌。

容，突出体现在融汇古今中外上。从东方到西方、从传统到现代，多种多样的思想文化和价值观念在这里交融，我们敏锐而不敏感、坚守而不保守，在保持自己民族特色的同时包容、借鉴、吸收各种不同文明的有益成果，做到以我为主、为我所用，在认识自我的同时拥抱世界，在容纳传统的同时展望未来。要看到，开放包容与自尊自信、理性平和是一体的，没有理性平和、开放包容的自尊自信容易滑向自大自负，说到底还是不自信；而只有建立在清晰坚定的自我认知、自我认同基础之上，开放包容的心态才能有所依托，我们也才能真正做到理性平和。

在看到我国社会心态总体积极向上的同时，也必须高度重视一些消极的、负面的心态和情绪。比如，一些人生活动力不足，悲观消极的心态时有浮现，“躺平”情绪在年轻人中的影响不容忽视。“努力不一定成功，但不努力一定很舒服”“世上无难事，只要肯放弃”等言论有所流行，“躺文化”“丧文化”“废文化”在部分青年中受到推崇。再比如，焦虑情绪在社会各个群体中、各个年龄段都有所凸显，虽然从国家整体到每个个体都有了相当程度的积极改变，但“唯恐太慢”的紧张感并未消散，许多人担忧“被抛弃、赶不上、没未来”。相比起身体的辛劳，“心累”成了更为常见的状态表达，甚至有人认为“当下的中国社会处于一个全民焦虑的时代”，无处安放、难以解决的焦虑损伤了生活的幸福感。与焦虑相伴并生的是迷茫心态，一个典型的现象是“一边焦虑一边迷茫”，想要改变现状却不知如何着手，“既无力又无助”，无处安顿的内心世界、难以寄托的思绪感情、价值意义的缺失成为许多人内心的隐痛。虽说积极与消极心态共存本是正常现象，但这些消极悲观的心态积累到一定程度也会冲击主流价值、削弱发展信心，需要我们反观自照，理性看待、积极面对。

对当前我国社会心态的复杂特点，我们要全面辩证地看待，避免“一叶障目，不见泰山”。综合来看，我国社会心态的主流是积极向上的，消极悲观情绪只是主流之上泛起的微澜。以上述的“躺平”情绪为例，既要看到其消极负面的倾向，切实加以引导和克服，也要看到很多人虽常自我调侃为

"躺平青年"，在现实生活中却并不消极颓丧，"躺平"更多是一种自嘲式的自我调节。面对快节奏生活的压力，想要松气歇脚、休息一下也在情理之中。反过来说，这种自嘲的表达也在一定程度上体现了从容与平和，反映了社会包容和进步的底色。而且，这些非主流心态，并非具有"针尖对麦芒"的激烈对抗性，是源自人们对美好生活的更高期待。厘清了主流与支流，就不会陷入片面性的视角、过度放大负面因素而影响对全貌的判断。

◇"心"变化背后的缘由

当前中国社会心态为什么会呈现这样丰富而复杂的特点？要回答这个问题，就要从社会心态产生的原因和变化的大背景中去考察。作为社会意识的一部分，社会心态发生变化的原因要在社会变迁中去分析寻找。借用网友的一句话：我们要写心态，就不能只写心态，还必须写社会、写时代。当代中国正经历着我国历史上最为广泛而深刻的社会变革，中国社会正发生着前所未有的巨大变化，不仅影响着个体的心理状态，更在宏观层面上塑造着整个社会的心态。

——这种"心"之变，与中国社会的快速发展和深刻变化有关。随着改革开放深入推进和经济全球化浪潮席卷，中国社会经历了前所未有的转型与变革，这种变化不仅体现在经济结构调整、科技水平提高等方面，也深刻反映在人民群众的心态变化上。我国经济社会发展取得了耀眼的成就，社会生产力水平得到极大提高，不仅显著改善了人们的物质生活条件，为个体提供了更多的资源和机会，而且满足了人们的自我实现需求和自我价值感，在精神上给予人们充分的自信和底气。特别是进入新时代以来，党和国家各项事业取得历史性成就、发生历史性变革，极大增强了人们的自尊心和自豪感，自信自强成为中国人民精神世界的鲜明底色。

与此同时，这种急遽的变化“简直是将几十世纪缩在一时”，高速的发展也使问题和矛盾在短时间内集中呈现，必然

2024 年 10 月 30 日，在北京航天飞行控制中心拍摄的神舟十九号航天员乘组和神舟十八号航天员乘组“全家福”。

会对人们的心态产生非常大的影响。中国是以现代化追赶者的姿态出现的，用几十年时间走完了西方发达国家几百年走过的工业化历程，相较于西方国家而言，我们的社会处在更加迅速而剧烈的变动之中，我们面临的问题及由此产生的精神压力自然可想而知。农家的鸡鸣狗吠犹在耳边，高楼大厦的丛林已赫然耸立；阵阵马蹄声还未远去，飞机高铁转眼间纵横千里；犁耙锄铲上的土渍尚新，智能时代已经到来；传统的伦理道德受到冲击，新的观念制度正在生成建立……中与外、古与今、新

①｜②
③

① 20 世纪 20 年代行驶在上海南京路上的电车、汽车、马车

② 20 世纪 80 年代上海街道上的电车和骑自行车的市民

③ 如今流光溢彩、灯火辉煌的上海外滩夜景

与旧的交织碰撞，在更小的时空范围内高密度压缩，不仅同一时空中生活着思想观念差别巨大的人群，我们自身也被潮流推动着迅速调整、持续改变。在这快速的奔跑与改变中，人们的心灵要跟上前进的脚步，不断适应新的社会环境和角色要求，无疑会承受相当的压力，这对人们心理调适能力带来了极大的考验，学者将这种现象概括为快速发展导致的“失重感”。今天人们心中的焦虑等情绪，很大程度上也是这些压力的一种映射。

——这种“心”之变，也缘于现代化社会的生活状态。我国社会心态发生的诸多变化，不是中国所特有的现象，而是世界范围内的共同课题，显示出现代化带来的普遍性矛盾与困境。现代化极大改变着人们的生产生活方式，推动社会的组织形式、人类的生存样态发生大变革，必然给人们的心态带来亦喜亦忧的变化。就生产方式而言，工业化的迅猛推进快速提升了生产效率，大众心态也随之趋向于效率优先和实用主义，这种对速度和产出的过度关注也导致了竞争压力的加剧和普遍性焦虑情绪。就生活方式而言，从世代定居到高度流动、从乡俗民规到法律契约、从宗族家庭到独立个人……社会关系的重构使个体获得更多生存的自由、发展的权利，同时也使传统的社会结构和文化习俗受到挑战，人们开始重新思考自己的定位和价值观，这也引发了人们内心的迷茫和情感的无所依托。从世界范围看，焦虑和迷惘始终是转型社会的一个普遍性心理现象，而且因为转型的迟滞常常具有持续性。在从“静止社会”到“变迁社会”的剧烈变化中，社会心理失去了同一性，不可避免地陷入趋新与守旧、改革与保守、现代与传统的对立冲突中，这时人们会感到内心矛盾、无所适从、困惑迷惘，甚至感到前途渺茫。比如在第二次世界大战后，德国出现“迷惘的一代”，美国出现“垮掉的一代”，英国出现“愤怒的青年”，今天的日本有“宽松世代”，韩国也出现了“三抛世代”，都是典型的例子。

同时，信息技术的发展作为现代社会的普遍特征，也是一把锋利的“双刃剑”。信息技术的普及为人们的生产生活带来极大便利，扩展了信息传播渠道和人们的交流空间，推动形成开放、多元和包容的氛围。但现代社会人际关系对信息技术的严重依赖，加深了虚拟世界里的群体性孤独和迷茫，电子化、技术化、数字化、虚拟化在一定程度上代替了现实化、情感化

心理健康问题成为现代社会中普遍面临的挑战

美国精神病学协会发布的调查显示，70% 的美国成年人表示感到焦虑或极度焦虑。该协会在 2023 年 4 月对 2200 名成年人进行了调查，37% 的人认为自己比 2022 年这个时候更焦虑，约有 30% 的人表示，他们在过去几年里曾与心理健康专家讨论过心理健康问题，比 2022 年上升了 4%。英国国家医疗服务体系 2023 年的一项调查发现，英国 8—16 岁的青少年中，有 1/5 可能患有精神障碍，高于 2017 年的 1/8；17—19 岁的青少年中，这一比例从 1/10 上升到 1/4。2019—2023 年，因精神健康状况而失业的人数增加了 1/3。

信息茧房

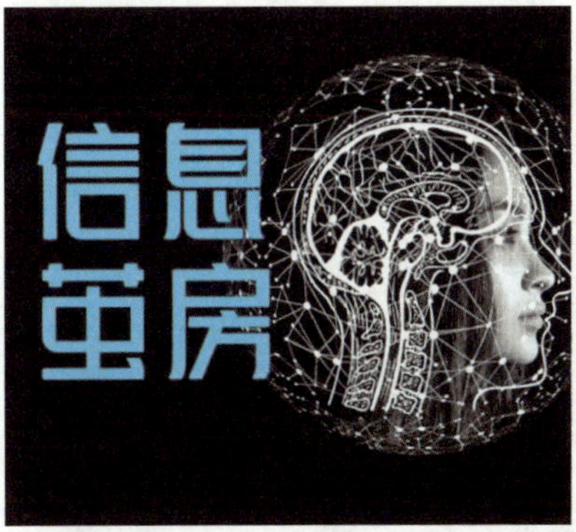

“信息茧房”是指人们的信息领域会习惯性地被自己的兴趣所引导，从而将自己的生活桎梏于蚕茧一般的“茧房”中的现象。这个概念最早由美国学者凯斯·桑斯坦在《信息乌托邦》一书中提出，用以描述公众在信息选择上的局限性，可能导致观点偏颇或知识结构单一。当今信息时代，“信息茧房”效应会放大个体情绪，加速认知的片面性发展，容易局限个人视野、加重群体极化，对社会心态的形成有较大影响。

的人际交流方式。除此之外，信息的迅速传播带来了情绪的迅速传染，社会心态的流变性也更强，当铺天盖地的信息把人们网罗其中，往往会形成“信息茧房”，从而放大个体情绪、固化片面认知。不少研究者认为，网络化、智能化使社会心理的形成传导加速，加剧了“零散心态”向“共享心态”的演化，成为焦虑、暴戾等消极心理的“放大器”。

——这种“心”之变，还与当代社会不确定性因素增多有密切关系。当前，世界进入新的动荡变革期，正在经历大调整、大分化、大重组，不稳定、不确定、难预料因素增多，此起彼伏的挑战加深了人们的迷惘、困惑和担忧。世界秩序能否保持平稳？国际经济形势能否复苏向好？大国之间能否和平共处、互利共赢？这种外部环境的不确定性，正在渗透到人们

德国社会学家乌尔里希·贝克代表作《风险社会》

的日常生活中，深刻改变着人们的认知模式、情感反应和行为策略。德国社会学家乌尔里希·贝克认为，人类已经进入“风险社会”，工业社会在为人类创造巨大财富的同时，也为人类带来巨大风险挑战。在当今这个充满复杂性和多变性的时代，人类社会越发处于“深度不确定性”之中，自然风险和人为风险叠加形成的“超风险格局”初见端倪，人们的心态变得更为敏感和脆弱。同时，我国社会发展中的风险、不确定性和复杂性因素增多，传统风险、现代风险、转型风险“三险合一”，国内与国际、网络与现实社会中的各种风险与不确定性因素聚合而相互作用，各种“黑天鹅”“灰犀牛”事件可能不期而至。这种外在的不确定性，表现在社会心态上就是焦虑迷茫越发普遍，缺乏安全感和确定性的情绪浮现，个别群体的悲观情绪蔓延。这也是百年未有之大变局在人们内心世界留下的印记。

——这种“心”之变，与当前我国经济社会中面临的挑战直接相关。随着我国经济经历数十年高速增长后转向中高速增长，经济增速在破旧立新、转型升级的过程中有所放缓，一些

相对剥夺感

相对剥夺感是一种关于群体行为的理论，指人们将自己与周围其他参照群体或个人的情况进行比较后，感到自己的应得利益受到“剥夺”而产生的一种不平衡的心理感受。美国学者罗伯特·金·默顿等认为，当人们将自己的处境与其参照群体相比较，并发现自己处于劣势时，就会觉得自己受到了“剥夺”；即使某群体本身的处境已有所改善，但改善的程度如果低于参照群体，相对剥夺感也会产生。

人感受到了压力，就业、收入甚至整个生活状态都受到一定影响，并随之产生某种消极悲观的心态。我国城乡之间、行业之间、群体之间财富和收入差距依然较大，不同地区、不同社会群体之间存在一定程度的机会差异，部分人群由此产生了“相对剥夺感”与不满情绪。教育、就业、医疗等民生领域的短板弱项也成为焦虑心态滋生的土壤，如“鸡娃”现象背后有教育资源分布不均、优质教育资源稀缺等原因；“孔乙己脱不下的长衫”也反映了就业形势紧张、人才供需结构性失衡等问题。此外，与新冠疫情相关的负面感受带来的消极心理尚未彻底消弭，社会紧张也在各种突发事件的冲击下被进一步放大，从而造成了较大的心理消耗，部分人群消极感知过载。当这种压力缓解和释放不当时，就难免引发耗竭倦怠、消极悲观的社会心态。

可以说，正是我们所处的如此迅疾变革的时代，正是我国经济社会必经的发展阶段，决定了当前我国社会心态必然是多样多变的，既有积极向度、也有消极因素，既有历史的沉淀、也有转型的印记。我们今天的社会心态，就是中国社会发展变迁的“心声”，也印刻着时代浩荡向前的“心迹”。

◇ 幸福生活需要“养心”

孙中山先生在《建国方略》中写道：“夫国者，人之积也。人者，心之器也。国家政治者，一人群心理之现象也。是以建国之基，当发端于心理。”著名社会学家费孝通提出“心态秩序”的概念，认为其与生态秩序、社会秩序一起构成了秩序的重要内容。不管是于国家、社会而言，还是于家庭、个人而言，培育和滋养良好的心态都至为重要。现在，社会节奏很快，大家都很忙碌，工作生活压力都很大，更需要培育自尊自信、理性平和、积极向上的社会心态，营造一个更加和谐、包容、进取的社会氛围，让人们在变动不居的世界中找到“此心安处”，实现社会心态与社会运行的良性互动，推动社会持续健康发展。

将改善民生作为塑造良好社会心态的基石。社会心态中部分消极因素的产生，是民生领域存在短板、人民日益增长的美好生活需要尚未得到更好满足的现实反映。社会心态问题的解决，有赖于作为其基础的现实问题的解决。例如，民众在经济方面焦虑的减轻，有赖于共同富裕的扎实推进以及更加公平合理收入分配格局的建立；家长对子女教育焦虑的缓解，有赖于教育资源配置的更加均衡化以及社会流动渠道的多样化。近年来，我国在保障和改善民生方面取得了广受认可的成效，但也要看到一些不足依然客观存在，一些“老大难”问题的解决也并非一蹴而就，仍需一步一个脚印持续努力。我们要始终坚持以人民为中心的发展思想，在发展中更加注重保障和改善民生，着力补齐民生短板、增进民生福祉，解决好群众的操心事、烦心事、揪心事，让人们拥有稳稳的安全感和幸福感。

健全社会心理服务体系和危机干预机制。主动加强心理干预、提供社会心理服务，有助于提高个体的心理健康水平，是构建积极社会心态的重要途径。2018 年全国社会心理服务体系建设试点开始以来，试点地区 100% 的高校、近 95% 的中小学和 96% 的村、社区已设立心理辅导室或社会工作室，着力为人们普及心理健康知识、疏导心理健康问题。社会心态作为“众心之心”，背后是无数鲜活的个人和他们的情感，只有充

职工之家心灵驿站

大学生心理健康日主题活动

江苏张家港打造“健心”工程守护群众心理健康

作为全国社会心理服务体系建设首批试点城市，江苏省张家港市常态化开展“健心”文明实践系列活动，制定出台《关于“全民健心工程”的实施意见》，将健全社会心理服务体系作为创新社会治理和深化文明城市建设的重要内容，助力社会心态稳定、人际关系和谐。图为“全民健心”志愿益集基层行心理科普文明实践行动。

分尊重关照大家的心理状态和情绪感受，积极社会心态的形成才有扎实基础。尤其在面对重大事件时，我们要科学认知、据实评估对个体和大众造成的心理情绪影响，提供心理咨询、心理教育、心理治疗等。更多关注源头发力、主动预防、系统解决，主动提供面向个体、群体、社会的多元化服务，搭建以人民为中心的全方位、全周期、多元化的社会支持系统，以完善的心理服务体系机制来应对负面心理和不良社会心态，提升公众心理抗逆力和韧性。

善用文化和价值观的力量来滋润人心。人要从容地、诗意地栖居于这个世界，不仅要有物质文明作为基础，也需要有精神文明提供滋养。文化如水，可以滋润人心、抚慰心灵，帮助人们在快速变化的社会中找到锚定点和恒定点，在精神上获得归属感和安全感，减少焦虑、迷茫与无所依归的孤独。必须重视发挥文化养心志、育情操的作用，涵养全民族昂扬奋发的精神气质。中华文化的一个重要功能就是安顿人的身心，要充分发挥中华优秀传统文化的化育作用，用古代先贤之道、圣贤之教来完善人格、涤荡人心，从而寻求精神的充盈、生命的完满。要积极培育和践行社会主义核心价值观，用社会主流思想价值和道德文化滋养人心、滋润社会，建设崇德向善、友爱和谐的社会风尚，倡导健康向上、理性包容的职场文化，着力祛除网络戾气、弘扬网络新风，让人们在工作生活中感受到更多的温情和善意。

我们还要做好自我心理调适调节。“一箪食，一瓢饮，在陋巷，人不堪其忧，回也不改其乐。贤哉，回也!”纵然身处陋巷而不改其乐，2000 多年前孔子的感慨启发我们，幸福作为一种主观的情绪体验，它的秘诀往往不在于锦衣玉食，而是在我们的心念之间。面对迅速变化的世界和快节奏的生活，更需要我们当好自己心理健康的第一责任人，掌握好幸福的主动权。一方面，我们要正确认识自己、悦纳自己，理性对待外在压力和各种挫折，形成合理的心理预期，善于跟自己达成积极而非消极的和解，做自己情绪的“主人”而非情绪的“奴隶”，以积极乐观的姿态体味人生的风雨彩虹。另一方面，我们要掌握必要的心理健康知识，面对压力和挫折时做好自我疏解调节，同时培养健康向上的生活习惯，发展有益身心的兴趣爱好，不断充实丰满我们的内心世界，在快节奏的生活中保持适度的“松弛感”，让内心的淡定与从容成为人生最曼妙的风景。

“课间 15 分钟”为孩子们营造“松弛感”

为更好呵护青少年身心健康，2024 年秋季学期开始，我国许多地方推广“课间 15 分钟”，有的地方甚至将课间延长至 20 分钟，采取多种措施保障学生课间活动，让孩子们有更充分的时间走出教室、走向户外，呼吸新鲜空气，放松身心，在劳逸结合、张弛有度中促进身心健康、提高学习效率。

现代化的本质是促进人的全面发展。对于有着 14 亿多人口的发展中大国来说，有些阶段难以逾越、有些困难难以避免，我们历经艰辛、爬坡过坎的发展历程，不仅是对中国社会的挑战和重塑，也是对中国社会心态的淬炼和考验。当我们的社会心态在时代洪流中受到洗礼、更加走向成熟时，中国社会的进步、现代化事业的推进、民族的复兴就有了更加坚不可摧的心理基础，我们的人民也经此涵育并展现出更加自尊自信、理性平和、积极向上的心态和风貌，迈向更加全面的发展。

8 像爱惜自己的生命一样保护好文化遗产

——如何认识文化遗产保护的重大意义和基本原则？

一段时间以来，“文博热”“考古热”持续升温，博物馆成为许多人必去“打卡点”，考古文物一“上新”即成“顶流”，“考古盲盒”卖到脱销，历史文化街区人头攒动，文博类节目“圈粉”无数，这已经成为一种引人瞩目的文化现象。其中缘

由，既有全社会文化自信的增强，也有人们对中华优秀传统文化的热爱，同时也离不开这些年文化遗产保护传承工作的深入人心。我国锦绣山河上遍布的璀璨夺目的文化遗产，承载着中华民族的基因和血脉，蕴藏着中国人民的伟大创造、卓越智慧和共同记忆，是中华文明连续性、创新性、统一性、包容性、和平性的有力见证，既是老祖宗留下的宝贵财富，也是人类文明的瑰宝。一定意义上说，对待文化遗产的态度，就是对待历史、对待文化的态度，也是检验一个制度、一种力量是进步还是反动的重要标尺。保护中华文化遗产、赓续民族历史文脉，是炎黄子孙的崇高责任，也是中国共产党人的文化使命和政治责任。

◇ 文化遗产保护为何如此重要

我们常说思想是行动的先导，只有思想认识到位，行动才能坚决有力。保护好传承好文化遗产，必须深入了解何为文化遗产，深刻认识文化遗产保护的重大意义。

所谓文化遗产，是指人类社会历史发展进程中遗留下来、由人类创造或与人类活动有关的一切有价值的物质和非物质遗存。物质文化遗产是指具有历史、艺术和科学价值的文物，包括古遗址、古墓葬、古建筑、石窟寺、石刻、壁画、近代现代重要史迹及代表性建筑等不可移动文物，历史上各时代的重要

三星堆文物持续“上新”再现古蜀文明

近年来，三星堆遗址考古发掘持续“上新”，6座祭祀坑出土文物1.7万余件，青铜纵目面具、青铜神树、青铜大立人像、金面具等“网红”文物吸引游客围观“打卡”。三星堆博物馆新馆于2023年7月落成开馆，设立“世纪逐梦”“巍然王都”“天地人神”3个展区，展出陶器、青铜器、玉石器、金器等各类文物共1500余件（套），年接待游客超500万人次。该馆通过科技赋能提升陈列展示水平，打造“考古方舱裸眼3D展项”“三星堆古城多媒体沙盘折幕”和“都广之野”沉浸式展厅，为游客呈现一个鲜活立体的古蜀文明。图为三星堆遗址3号祭祀坑出土的金面具。

实物、艺术品、文献、手稿、图书资料等可移动文物，以及在建筑式样、分布均匀或与环境景色结合方面具有突出普遍价值的历史文化名城（街区、村镇）。非物质文化遗产是指各种以非物质形态存在的与群众生活密切相关、世代相承的传统文化表现形式，包括口头传统、传统表演艺术、民俗活动和礼仪与节庆、有关自然界和宇宙的民间传统知识和实践、传统手工艺技能等以及与上述传统文化表现形式相关的文化空间。文化遗产好比“历史刻录机”，记录着一个民族的演进历程和历史脉络，维系着一个国家的民族情感和精神血脉，不仅生动诉说着过去，也深刻影响着当下和未来。同时，文化遗产不可再生、不可替代，其蕴含的历史、文化、科学等信息是无法复制的，一旦遭到破坏就难以恢复。因此，文化遗产保护越来越得到世界各国的普遍重视。1972 年，联合国教科文组织通过《保护世界文化和自然遗产公约》，开展世界文化遗产项目评选，开启了世界性的现代文化遗产保护运动。2003 年，联合国教科文组织通过《保护非物质文化遗产公约》，推动世界各国加强对非物质文化遗产的保护与传承。

中国是文明古国、文化大国，正在以中国式现代化全面推进强国建设、民族复兴伟业，保护文化遗产有着十分重要而特

河南保护考古遗址溯源中华文明

河南是国内大遗址分布最为密集的省份。近年来，该省持续推进大遗址考古发掘研究、专项立法建设、保护规划编制、保护展示工程实施、考古遗址公园建设等工作，整理出版《二里头》《偃师商城》《三门峡庙底沟》等 32 部重要大遗址考古报告，出台《河南省安阳殷墟保护条例》《巩义市宋陵保护管理办法》等 10 部大遗址保护地方性法规，建成殷墟、隋唐洛阳城、郑州商城等 7 处国家考古遗址公园，建成开放安阳高陵遗址博物馆、殷墟博物馆新馆等 15 座考古遗址博物馆，成为展示中华文明的重要窗口。图为河南安阳殷墟博物馆展出的卜甲。

殊的意义。

保护传承文化遗产，是弘扬中华优秀传统文化、铸牢中华民族共同体意识的文化基础。文化遗产见证并记录了中华民族数千年来社会变革、科技进步、哲学思辨等方方面面的发展变化，反映着中华民族的文化积淀和文化底蕴，传承着文化精髓和文化理念，是中华优秀传统文化的重要载体和最具有代表性的文化结晶。无论是实证文明起源的良渚遗址，还是彰显中华民族巩固壮大的土司遗址，抑或是秦兵马俑、敦煌莫高窟……这些代表中华文明符号的文化遗产，共同见证着各民族创造文明、开疆拓土的伟大历史进程。人们走进、接近这些文化遗产，可以真切感受到中华文明的源远流长、博大精深，深刻领悟中华民族多元一体的演进格局，从内心生发出对民族和国家的高度认同，体会到生而为中国人的自豪和自信。可以说，文化遗产是人们的“记忆所系之处”，保护文化遗产就是守护中华民族精神生生不息的根脉，就是增进全体人民的认同感、归宿感、安全感，就是维护国家的凝聚力和向心力。

保护传承文化遗产，是提供公共文化服务、加强社会主义精神文明建设的有力支撑。中国式现代化是物质文明和精神文明相协调的现代化。进入新时代，我国社会主要矛盾已经转化为人民日益增长的美好生活需要和不平衡不充分的发展之间的矛盾，人民群众对美好生活的向往进一步从物质层面向精神层面拓展，人民群众对多样化、多层次、多方面的精神文化需求日益强烈。留存至今的文化遗产虽走过沧桑岁月却始终历久弥新，其所蕴含的思想观念、人文精神、道德规范、艺术传统等，对于当代人在社会教育、道德养成、文化认同、安顿身心等方面发挥着重要作用。那些无法说话的文化遗产，实则铭刻着古往今来、承载着星移斗转、记录着历史烟云。通过对文化遗产的活化利用并使之与现代生活元素紧密结合，能够让今人在和历史的对接中“发思古之幽情”，在与古人的促膝长谈中“究通今之大道”，以古人之智慧开今日之生面，使中华民族的精神世界更加厚重深邃，使人民的精神生活更加丰富生动。

保护传承文化遗产，是维护人类文明多样性、扩大中华文化国际影响力的重要前提。“一花独放不是春，百花齐放春满园。”在世界文明姹紫嫣红的大花园里，中华文明包容、借鉴、吸收各种不同文明，既是历史的、也是当代的，既是民族的、也是世界的。中华大地上的古代聚落、城址，生生不息的历史文化名城、街区，口口相传的民间文学、歌谣，都见证着人类在东亚地区文化与文明不间断的发展，是人类文明的重要组成部分，极大丰富了人类文明的宝库。流传至今的中华文化遗产，是讲好中国故事、展示中华文化魅力的有效载体，也是中国与世界沟通、促进不同文明交流互鉴的桥梁和纽带，好似一张张展示中国形象的“明信片”，一纸道尽历史沧桑、一物演尽万千故事。加强文化遗产保护传承，传播更多承载中华文化、展现中国精神的价值符号和文化产品，有利于更好向世界

文物成为文明交流互鉴的"金名片"

党的十八大以来，我国文物出国（境）展览500余项。"大美亚细亚——亚洲文明展"汇集亚洲47国与埃及、希腊两个文明古国的珍贵文物；"平行时空：在希腊遇见兵马俑"线上展览在中希文旅年开幕式上推出，实现两大古老文明穿越时空的第一次线上邂逅。"意大利之源——古罗马文明展"、法国"汉风——中国汉代文物展"、美国"秦汉文明"文物展、欧洲"海上丝绸之路文物展"……文物作为"外交使者""国家名片"，愈益成为丰富文化外交、推动文明互鉴的"重头戏"。图为外国观众参观在法国巴黎举办的"中国·唐——一个多元开放的朝代（7至10世纪）"展览。

展示绚丽多彩的中华文明，让中华文明同世界各国人民创造的丰富多彩的文明一道，为人类提供正确的精神指引和强大的精神动力。

保护传承文化遗产，是建设文化强国、担负起新时代的文化使命的必然要求。我们要建设的文化强国，是建立在强大的文化自信基础之上的。我们的文化自信来自哪里？极为重要的，就来自悠悠5000多年的中华文明，来自承载中华文明的文化遗产，来自北京故宫、西安城墙、曲阜三孔、平遥古城、福州三坊七巷等所积淀的深厚文化底蕴。这片山河湖海上的文化遗产，总会给予我们无穷的历史自信、文化自信，激励我们

福州三坊七巷做好文化遗产活化利用

位于福建省福州市中心的三坊七巷，起于晋，完善于唐五代，至明清鼎盛，保存有200余座古建筑，其中全国重点文物保护单位15处，被誉为“明清建筑博物馆”。近年来，该地遵循“修旧如旧，保持总体坊巷格局、风格、风貌不变”的原则，累计投入约50亿元，对街区内古建筑进行保护与还原，并依托古厝资源，先后引入福建省非物质文化遗产博览苑、海上丝绸之路展览馆等业态，吸引脱胎漆器、软木画、牛角梳、油纸伞、肉燕等非遗项目入驻古厝。2023年，三坊七巷历史文化街区人流量约1674.2万人次，这里已成为福州传统文化展示中心、交流平台、文创产业基地。图为福州三坊七巷历史文化街区景色。

以更大的文化创造力书写文化强国建设的新篇章。同时，文化强国建设不是无本之木、无源之水，无论是发展文化事业、文化产业，还是进行文学创作、艺术创造，都需要文化遗产为其提供资源和滋养。只有精心守护好文化遗产，推动其有效利用，才能为发展文化生产力注入积极力量，为文化强国建设蓄势赋能。

由是观之，文化遗产不是冰冷的石头、陶瓷或者玉器，也不仅仅是城邑、道路、边关、堰渠，而是隐匿在这些文物、建筑、技艺背后的鲜活的人的创造，是中华民族可歌可泣、荡气回肠的历史命运，是中华儿女的精神象征和思想寄托。它们链接古代与现代，沟通中国与世界，让我们更好地认识自己、认识世界，让我们在回望历史中增添走向未来的信心和底气。所以我们说，保护传承文化遗产，功在当代、利在千秋。

◇ 我国文化遗产保护现状如何

泱泱中华，历史何其悠久，文明何其博大。在漫漫历史长河中，中华民族勤劳智慧的先人给我们留下的文物古迹浩瀚如海且弥足珍贵，其蕴藏之丰富、品种之繁多、门类之齐全，为世界所少有、人类所罕见。这些文化遗产跨越漫长岁月，躲过无数浩劫，方才来到我们面前。它们不仅属于我们这一代人，也属于子孙万代。

新中国成立后不久，我国就迅速禁止珍贵文物图书出口，在基本建设中确立“两重两利”方针，实施全国文物普查，建立文物保护单位制度，制定文物保护管理暂行条例，取得秦兵马俑、马王堆汉墓、河姆渡遗址等重大考古发现，奠定了我国文化遗产保护事业的基础。改革开放后，我国逐步确立“保护为主、抢救第一、合理利用、加强管理”的文物工作方针，制定文物保护法、非物质文化遗产法等

“两重两利”方针

“两重两利”方针是我国在20世纪50年代初期提出的文物保护工作方针，具体内容为“重点保护、重点发掘”和“既对文物保护有利，又对基本建设有利”。

法律法规，实施第二、三次全国文物普查和第一次非物质文化遗产普查，建立历史文化名城保护制度，加入保护世界文化和自然遗产公约、保护非物质文化遗产公约等，文化遗产保护传承取得重大进展。

新时代以来，习近平总书记怀着强烈民族感情和深沉文化情怀，对文化遗产工作始终念兹在兹、关怀备至，提出一系列新思想新观点新论断，并身体力行、率先垂范，推动新时代文化遗产事业取得历史性成就、发生历史性变革，文化遗产蕴含的创新创造基因被不断激活，一幅古今辉映、气势恢宏的新时代文化长卷徐徐展开。

——在摸清“家底”中推动整体保护。我国是名副其实、举世公认的文化遗产大国。2012—2016 年，我国开展了第一次全国可移动文物普查，10815 万件（套）国有可移动文物的“家底”头一次被摸清。2023 年，第四次全国文物普查开始实施。据统计，我国调查登记不可移动文物约 76.7 万处，核定公布全国重点文物保护单位 5000 余处，省级文物保护单位 2 万余处。截至 2024 年 8 月，我国有国家历史文化名城 142 座、中国历史文化名镇名村近 800 个，中国传统村落 8000 余个，国家级非物质文化遗产代表性项目 1500 余项。我国世界遗产总数有 59 项，其中 40 项世界文化遗产，15 项世界自然遗产，4 项世界文化和自然双遗产。2024 年 12 月，“春节——中国人庆祝传统新年的社会实践”被列入人类非物质文化遗产代表

“北京中轴线——中国理想都城秩序的杰作”成功列入《世界遗产名录》

2024 年 7 月，“北京中轴线”申遗成功。“北京中轴线”全长 7.8 公里，是世界上最长的城市轴线，其选址、格局、城市形态和设计体现了《周礼·考工记》所记载的理想都城范式，展现了中国古代城市规划传统，见证了北京城市的发展演变，是体现中华文明突出特性的重要标识。图为北京中轴线鸟瞰。

作名录，至此，我国共有 44 个项目被列入联合国教科文组织非物质文化遗产名录、名册，总数居世界第一。新时代以来，中央财政累计安排 300 多亿元专项资金用于故宫、正定隆兴寺、西安城墙等千余处文物建筑修缮，长城、石窟寺、文物建筑、廊桥、革命文物保护等有力推进，文物安全状况持续向好。

——在构筑“护盾”中完善法治保障。这些年，我国出台《关于加强文物保护利用改革的若干意见》《关于进一步加强非物质文化遗产保护工作的意见》《关于在城乡建设中加强历史文化保护传承的意见》等重要文件，修订文物保护法，颁布修订《传统工艺美术保护条例》《博物馆条例》《长城保护条例》《历史文化名城名镇名村保护条例》《中华人民共和

我国水下考古向深海进军

水下考古是考古学的一门新兴分支学科，是陆地田野考古向水域的延伸。2018年1月，随着深海考古联合实验室的成立，我国水下考古吹响了向深海进军的号角。2022年9月，“探索一号”“探索二号”科考船组成联合航次在南海北部西沙海槽海域开展深海考古调查，我国水下考古深度首次突破2000米。这充分展示了我国深海科技与水下考古的融合，标志着我国深海考古向世界先进水平迈进。图为文物工作者使用深潜设备对水下文物进行提取。

国水下文物保护管理条例》等行政法规，持续推动文化遗产的系统性保护和统一监管，强化文化遗产保护传承的法治保障。在一系列政策措施加持下，我国文化遗产的保护对象更加丰富、制度化建设更加完备、法律保障更加有力，为文化遗产保护构筑起一道铜墙铁壁。

——在科技“赋能”中激活创新活力。这些年，文化遗产保护跨学科、跨领域合作不断深化，古代壁画保护、陶质彩绘文物保护、饱水漆木器保护、馆藏文物保存环境监控等方面的技术解决方案已进入国际第一梯队；考古现场无损提取、遗迹遗痕快速鉴别技术取得突破，碳-14测年、DNA分析、同位素分析等实验室考古技术日臻成熟；智能展柜、考古方舱、文物保护移动实验室等一批专有装备让国际同行刮目相看，科技创新正在成为助力文化遗产保护发展的不竭动力。同时，文化的力量正在深深注入文化遗产保护之中，《何以中国》《国家宝藏》《如果国宝会说话》等文博题材栏目节目频频刷屏，2023年全国备案博物馆举办4万余个陈列展览、38万余场教育活动，各地探索推出“永不落幕”的数字展览，让文化资源“跨山越海”来到人们身边，那些陈列在广阔大地上的遗产、书写在古籍里的文字“活”了起来。

——在修史立典中赓续中华文脉。在数千年的历史长河中，历朝历代中国人自觉地把盛世修文和校刻正史作为夙愿，修史立典、纂志编籍、纂谱拓片，形成了文化传统。正是这些文化典籍、史料文献赓续流传，中国和中华民族才能够成为世界上唯一拥有数千年连贯完整历史记载的国家和民族，今天我们才依然能够延续千年前的传统。这些年，从敦煌文化保护研

中华文明探源工程

中华文明探源工程，全称“中华文明起源与早期发展综合研究”，是继“夏商周断代工程”之后又一项国家重大科研项目。该工程由科技部立项，国家文物局组织实施，中国社会科学院考古研究所、北京大学考古文博学院作为主要承担单位，国内外数十家科研单位、20多个学科的500多位专家学者参与。2002年启动预研究，2004年开始第一阶段研究，2020年起实施第五阶段研究。该工程已取得一系列重大成果，实证了中华5000多年文明史，展现了中华文明起源与早期发展脉络，揭示了中华文明的丰富内涵，提出了判断进入文明社会标准的中国方案。

究工作持续推进，到中华文明探源工程、革命文物保护利用工程、“考古中国”、国家文化公园等重大工程和项目深入实施；从《复兴文库》、《儒藏》“精华编”中国部分、《中国历代绘画大系》编纂出版，到中国国家版本馆、中国考古博物馆等文化殿堂相继落成……文化种子“藏之名山、传之后世”的美好愿景，正在新时代的中国变成现实。

当前，我国文化遗产事业得到全社会前所未有的关注与支持，迎来历史上最好发展时期。但同时也要清醒看到，文化遗产保护工作还存在一些令人痛心忧虑的地方。比如，历史文化名城古镇整体保护力度依然不够，历史街区、传统村落、古老建筑屡遭拆毁等建设性破坏现象尚待根本解决，有的地方存在“拆真建假、拆旧建新”“重用轻保、重旅轻文”等错误倾向，开发性破坏做法尚待根本性遏制。再如，虽然近年来我国对文物犯罪的打击力度不断加大，但文物盗窃、盗掘、走私等违法犯罪行为仍屡禁不止，且呈现出团伙化、智能化、职业化趋势，不可移动文物安全形势依然严峻。还如，一些非物质文化遗产项目生存状态十分脆弱，面临传承人断层、技艺失传、资金短缺、市场开发不力等多重困境。有人统计，现有国家级非物质文化遗产代表性传承人中，70 岁以上的占比高达 71.5%，而 50 岁以下的占比仅有 1%。

这些问题的存在，有着多方面的原因。首先有体制机制的原因，文化遗产保护的体制机制、政策举措还不够完善，文化

广东潮州探索千年古城保护新路径

广东省潮州古城有1600多年历史，2.33平方公里范围内有720多条传统街巷，全国重点文物保护单位7处20点。近年来，潮州市通过政府主导、社会参与的方式，多渠道筹集资金推动历史文化街区“微改造”“微更新”，出台《潮州市历史文化名城保护条例》《潮州市古城区历史建筑保护管理办法》，对古城区核心保护范围的空间格局、历史文化内涵和历史风貌进行全域保护，倡导“百家修百厝（祠）”、以家庭为单位保护古民居，大力发展喝工夫茶、听潮剧、品潮菜、逛古城等“打卡四件套”文旅配套，极大激发了社会各界保护古城的积极性。图为潮州古城牌坊街夜景。

遗产法制体系仍存在短板，一些地方的执法督查力度不足，基层文化遗产保护力量不够，现有机构和人员队伍还不能够适应日益繁重的保护任务，一定程度上存在“小马拉大车”现象。还有认识方面的原因，部分领导干部政绩观存在偏差，文化遗产保护理念和责任意识亟待增强，对历史、文化、自然缺少应有的敬畏之心；一些地方未能正确处理好保护与利用、保护与发展、保护与开发等重要关系，违背保护第一、合理利用和最小干预原则，对历史文物过度干预、过度修复修缮等，好心办了坏事。

◇ 保护与发展的关系如何处理

保护好文化遗产，一个核心问题就是处理好保护与发展的关系。这其中，有文化遗产保护与利用的关系，有文化遗产保护与经济社会发展的关系，还有文化遗产保护与旅游开发的关系。如何正确认识、妥善处理这些关系，很大程度上决定着文化遗产保护的水平和成效。

文化遗产是珍贵的不可再生资源，必须始终把文化遗产保护放在第一位。文化遗产所蕴含的历史、艺术、科学价值不可估量，能够源源不断创造综合效益。在经济发展了的时候，应

以“绣花功夫”精细保护箭扣长城

箭扣长城位于北京市怀柔区，是明代万里长城最著名的险段之一，因形如满弓扣箭而得名。2024年4月，箭扣长城五期保护修缮项目启动，运用“边考古，边修缮”的模式，为古老长城制定“病情诊治方案”，采用传统工艺和材料进行抢险加固，力求不改变文物原状，保留长城的历史风貌。目前已出土建筑构件、守城武器、生活用品等三大类100余件（套）文物，从不同角度还原了明代戍边将士的生活。图为箭扣长城美景。

加大保护名城、保护文物、保护古建筑的投入，而名城保护好了，就能够加大城市的吸引力、凝聚力。反之，没有了文化遗产资源，文化遗产利用与开发就会成为空中楼阁，相应的文化事业、文化产业发展也就无从谈起，这意味着文化遗产的发展本身天然就蕴含着保护的前提。试想一下，假如没有完整保存的古建筑，何来依托其开展的特色文化旅游？假如没有传承下来的传统手工艺，又怎能推动相关文化创意产业蓬勃发展？事实也说明了这一点。比如，有的地方以发展之名行破坏之实，搞拆毁真古迹、建造仿古街、搬迁原居民等开发性破坏，到最后游客寥寥、门可罗雀，真可谓“赔了夫人又折兵”。同时，要在坚持保护第一的基础上，注意合理利用、活化利用。保护文化遗产，并不是让其仅仅保持存在，而是要在合理利用的基础上，与当下的社会文化和人群产生互动，让人们感受到文化遗产的价值所在，使全社会关心文化遗产、爱护文化遗产，形成更浓厚的保护氛围。可见，文化遗产的保护与发展不是非此即彼的矛盾体，而是你中有我、我中有你的辩证统一体，只有在保护中发展、在发展中保护，才能实现保护与发展的平衡共进。

我们要秉持敬畏历史、热爱文化之心，坚持保护第一、合理利用和最小干预原则，坚持“保护为主、抢救第一、合理利用、加强管理”的方针加强物质文化遗产保护，坚持“保护为主、抢救第一、合理利用、传承发展”的方针加强非物质文化

敦煌研究院以数字化提升文物保护利用水平

敦煌研究院将仿真与模拟试验技术成功引入文化遗产保护领域，开展壁画数字化试验，完成近 300 个洞窟的图像采集、近 200 个洞窟的图像处理，建立“数字敦煌”资源库，网民只需轻点鼠标就可在 30 个洞窟里进行 720 度全景漫游。敦煌研究院开发“云游敦煌”小程序，通过人工智能、虚拟现实、语音图像识别等技术，让观众能够全方位体验石窟文化艺术。图为观众参观用数字技术等比例复制的敦煌第 285 窟。

遗产保护，将祖先留给我们的文化遗产完整传承下去。

——护住“老底子”。对于文化遗产，保护是 1，其他的都是后边的 0，1 没有了就什么都没有了。要统筹好抢救性保护和预防性保护、本体保护和周边保护、单点保护和集群保护，构建系统性、整体性的大保护格局，维护文化遗产的历史真实性、风貌完整性、文化延续性。落实老城不能再拆的要求，真实保存城乡历史文脉。深入实施非物质文化遗产传承发展工程，加大传承人培养力度，加强文化生态保护区建设，提高非物质文化遗产项目传承活力。要严厉打击盗窃、盗掘、倒卖、走私等文物犯罪，以零容忍的态度和雷霆之举形成高压震慑态势。

——铸牢“金钟罩”。当前，我国基本形成了以文物保护法、非物质文化遗产法为主体，国务院相关行政法规和地方性法规为补充的文化遗产法律法规保护体系，总体呈现出多层级立法、公法主导、保护客体分散的特点。随着我国的文化遗产保护对象范围不断扩大，新的遗产类型的出现要求保护理念不断更新，对文化遗产法治建设提出了新的更高要求。为此，要坚持问题导向，加快完善法律法规制度体系，严格贯彻实施新修订文物保护法，从严从紧修订非物质文化遗产法，研究制订历史文化遗产保护法，强化物质文化遗产和非物质文化遗产协同保护。

——奏响“大合唱”。加强文化遗产保护传承没有局外人。要牢固树立保护文化遗产也是政绩的科学理念，推动文化遗产保护“党政同责”“一岗双责”有效落实。围绕文化遗产系统性保护的科学规律和工作要求，针对文化遗产保护“九龙治水”、政出多门、衔接不畅问题，建立文化遗产保护传承工作协调机构，建立文化遗产保护督察制度，推动文化遗产系统性保护和统一监管，从多角度一体推进文化遗产保护利用工作。同时，鼓励引导社会力量参与文化遗产保护，营造全社会关心支持文化遗产保护的浓厚氛围。

——彰显“科技范”。让文化遗产“活”起来，用好“黑科技”是大势所趋。身处科技浪潮之中，我们要探索文化和科技融合的有效机制，积极运用大数据、云计算、人工智能、虚拟现实等新兴技术，加强在文物安全精密智控、文化遗产动态监测、文化遗产抢救性保护和修复、文物病害监测分析、文化遗产活化利用及传播、文化遗产数字化新业态发展等方面的科

技创新和有效供给，让人们在更多活态呈现的“打开方式”中沉浸式感受文化遗产的魅力。

——植入“年轻态”。在国人文化自信愈加勃发的当下，文化遗产要想“圈粉”年轻人，就要主动适应年轻群体追求新、奇、特、潮的特点，让文化遗产更好地融入现代生活，越来越“受宠”。一方面，要深化文化领域供给侧结构性改革，唤醒沉睡在博物馆、图书馆、美术馆中的文物，盘活文博领域沉默资产，通过本地化、定制化、生活化的展示，增强人们对文化遗产的理解和喜爱。另一方面，要寓教于乐，将文化遗产知识和乡土历史文化全面融入国民教育体系，增强全社会特别是青少年的文化遗产保护意识，增强做中国人的志气、骨气、底气。

——拓展“朋友圈”。“给岁月以文明，而不是给文明以岁月。”《三体》走向世界的同时，书中的这句名言也广为传播。如今，从神秘的三星堆到栩栩如生的兵马俑，从武术、书法到中医、皮影戏，我国文化遗产不仅在国内“走俏”，还受到越来越多外国朋友的青睐。我们要坚守中华文化立场，积极参与全球文化治理，践行全球文明倡议，深入提炼展示中华文明的精神标识和文化精髓，推动古代文明研究、联合考古、古迹修复、博物馆交流、非物质文化遗产申报和保护等方面的国际合作，加快构建中华文明标识体系，以中国话语和中国叙事推动中华文化更好走向世界。

“观乎人文，以化成天下。”老祖宗传下来的文化遗产曾有辉煌的过去，也应该有闪光的现在，还要充满生机地走向未来。惟有对文化遗产爱之护之、惜之传之，把历经沧桑留下的中华文明瑰宝呵护好、弘扬好、发展好，让古老的瑰宝在新时代绽放更加夺目的光彩，才不辱我们的文化使命。

9 历史大势不可逆转

——如何认识经济全球化遭遇逆流及其前景？

近年来，单边主义、孤立主义、保护主义思潮甚嚣尘上，少数国家热衷于构筑“小院高墙”、推行“脱钩断链”，全球产业链和供应链面临“断链”风险，曾经热潮滚滚的经济全球化遭遇逆流和回头浪。基于此，一些人宣称世界已经告别经济全球化的“黄金阶段”，甚至抛出“经济全球化已经终结”的悲

观论调。面对这样的情势，人们不禁产生诸多疑惑和忧虑：经济全球化将会走向何方？有朝一日世界会不会退回到封闭分割的状态？人类未来的经济交往活动当何去何从？这不仅是对经济全球化的前途之问，也是对人类发展进步的命运之问。

◇ 经济全球化还是时代潮流吗

早在 19 世纪中叶，马克思恩格斯就深刻揭示了经济全球化的本质、逻辑和过程，认为伴随着人类社会生产力的发展特别是大工业的发展，世界各民族的原始封闭状态被新的生产和交往方式打破，世界贸易和世界市场由此产生，人类历史也转变为世界历史。如果以 15 世纪末新航路开辟作为起点，经济全球化已经走过了 500 多年，大致经历了殖民扩张和世界市场形成、第二次世界大战结束后两个平行市场、冷战结束后全球市场快速发展三个阶段。尽管经济全球化带给人类的不都是“糖与蜜”，也伴随着无数的“血与火”，但正如“阿里巴巴的山洞”打开财富之门那样，它极大推动了世界经济的发展，深刻改变着人类社会的面貌。

时至今日，经济全球化遭遇了意想不到的挫折，面临巨大的阻力。原本是经济全球化“急先锋”的一些西方国家内顾倾向加重，开始从强调自由贸易转向强调本国利益优先，如基于本国产业、就业等方面因素推动“制造业回流”、推行“降依

阿里巴巴的山洞

“阿里巴巴的山洞”源自中世纪阿拉伯文学杰作《天方夜谭》，说的是一贫如洗的樵夫阿里巴巴在去砍柴的路上，无意中发现强盗集团的藏宝地，并获知了进入山洞的口令，随后发生了一系列曲折的故事，但结局很圆满。据此，打开“阿里巴巴的山洞”，寓意打开了财富之门。

潘多拉的盒子

潘多拉是希腊神话中宙斯让赫淮斯托斯用黏土做成的第一个人类女性，并让她随身携带一个魔盒，其用意在于报复普罗米修斯盗取火种之事。神话中，潘多拉打开了魔盒，释放出人世间的所有邪恶——贪婪、虚伪、诽谤、嫉妒、痛苦等。据此，“潘多拉的盒子”喻指“灾祸之源”。

赖”“去风险”。还有一些人把经济全球化视为地区冲突、贫困失业、贫富分化等乱象的罪魁祸首，甚至将经济相互依存“武器化”，经济全球化仿佛成了“潘多拉的盒子”。面对这些新情况新挑战，经济全球化还能继续向前吗？答案是肯定的。因为经济全球化是经济发展规律使然，是生产力发展的客观要求和科技进步的必然结果，不是哪些人、哪些国家人为造出来的。正所谓，“一体化的世界就在那儿，谁拒绝这个世界，这个世界也会拒绝他”。

从根本上讲，经济全球化是由经济发展的规律决定的。所谓规律，就是事物内在的、稳定的本质联系，不管过去、现在还是未来都会发生作用。在经济活动中，各类市场主体都在寻求成本最小化、利益最大化，而这有赖于资源配置的不断优化、市场范围的逐步拓展、社会分工的日益细化。生产力发展到一定程度后必然要超出单一国家和地区，商品的生产和交换必然会在全球范围内进行，商品、资本、技术、信息、人才等生产要素必然要进行跨境流动，以此来寻找和实现最大的价值。同时，由于各国的资源禀赋、产业基础、技术条件不尽相同，在国际分工体系中的位置也有所不同，由资源输出国、商品生产国、市场消费国等构成的国际经济体系也会逐步完善。这些都构成了经济全球化的内在动因和底层逻辑。

历史地看，从 17 世纪后欧洲棉纺制品逐步成为第一个全球化商品开始，贸易国际化的程度和范围不断加深和扩大；20 世纪后跨国公司在全球范围组织生产和销售，大大促进了各种生产要素在全球的流动和国际分工。今天，贸易自由化、生产

金砖国家间经贸关系日益紧密

中国与俄罗斯、印度、巴西、南非 4 国的进出口值由 2009 年的 9602.1 亿元增长至 2023 年的 4.32 万亿元，年均增长 11.3%，较同期中国整体进出口增速高出 3.8 个百分点。中国与其他金砖国家充分发挥各自中间品比较优势，在钢铁、化工、纺织等基础工业领域实现互补。在农业领域，中国进口的超八成禽肉和冻狭鳕鱼、超五成蟹来自其他金砖国家，出口的大蒜、番茄、柑橘等果蔬也广受金砖国家消费者的欢迎。图为在哈尔滨国际会展中心举行的第八届中俄博览会。

国际化、资本全球化已经深深嵌入全球经济的肌体和血脉，全面融入各国人民的日常生产生活中。虽然全球贸易投资近两年陷入低迷，但国家之间和地区内部的经贸交流在某种程度上得到了升级，如金砖国家之间的经贸合作明显加强、共建“一带一路”国家间的经济贸易明显发展。即便是那些搞“脱钩断链”的国家也不可能关起门来自成一统，还是要在周边和盟友国家布局产业链，还是要把产能转移到其他发展中国家。

同时，科技的发展为经济全球化提供了便利条件和强大动能。科技进步压缩了国家间的空间距离，降低了交通和通信成本，便捷了贸易手段，提高了市场交换效率，为经济全球化插上了腾飞的翅膀。比如，蒸汽机的发明有力提高了纺织、钢铁、远洋等行业的生产效率，大大降低了远途运输的成本和时间，让更多更廉价的商品被生产出来并销往更远的地方，使得世界各地的联系更加密切。现在，新一轮科技革命和产业变革深入发展，数字化、智能化、绿色化进程不断加快，为经济全球化注入新动力、赋予新内涵。数字化平台可以把全球各地的企业联系起来，电子商务让商品定价和对比更加透明，物联网通过实时追踪物流信息提高配送效率，区块链物流解决方案能缩短过境时间并提高支付速度，在线直播、移动游戏、在线教育等新型信息服务模式都具有全球消费的特征……各种新技术、新业态、新模式将世界经济深度“绑定”，使“我中有你、你中有我”的合作格局更加稳

上海国际贸易“单一窗口”以区块链助力国际贸易

为推进上海自贸试验区贸易便利化改革，2014 年，国家口岸管理办公室指导上海建设国际贸易“单一窗口”，把监管部门以往各自独立、互不关联的业务办理系统贯通起来，打破信息“孤岛”，消除系统“堵点”。该平台上线运行 10 年来，逐步探索“区块链 + 大数据”应用创新场景，提升数字化、智能化应用水平，目前已成为全球数据处理量最大的地方国际贸易“单一窗口”，服务企业近 70 万家，货物申报时间由 1 天缩减到半小时，船舶申报时间由 2 天缩减到 2 小时，无纸化作业和“不见面”办理每年节约成本超 20 亿元。图为工作人员介绍上海国际贸易“单一窗口”相关情况。

固。可以预想，只要科技创新的步伐不停止，经济全球化必然向更广阔的领域继续延伸拓展。

事实胜于雄辩。世界经济的发展成就证明了经济全球化的大方向是正确的，是符合世界各国利益的。20 世纪 80 年代以来，借助这一轮经济全球化，发达国家以资本、技术等优势获得了巨大的收益，发展中国家通过参与国际分工解决了外汇和资本“双缺口”以及富余劳动力就业问题，世界经济得到前所未有的增长，民众生活水平得以普遍提高。想当年，中国对经济全球化也有过疑虑，对加入世界贸易组织也有过忐忑。但中国最终选择了到世界经济的汪洋大海中去游泳，勇敢地迈向了世界市场，才有了今天这样的发展成就。

青山遮不住，毕竟东流去。正如习近平总书记指出的："经济全球化是时代潮流。大江奔腾向海，总会遇到逆流，但任何逆流都阻挡不了大江东去。"历史上瘟疫、战争、经济危机等都曾阻碍经济全球化进程，经济全球化大潮最终还是冲破阻隔、浩荡向前。虽然当前经济全球化动力和阻力并存胶着，但总的看动力大于阻力，前进方向从未改变也不会改变。

◇ 逆全球化思潮为何抬头上升

2008 年国际金融危机爆发是经济全球化演进的一个重要时间拐点，逆全球化主要是指这之后一些西方国家所发生的政治形势和社会思潮变化、进行的经济和外交政策调整。既然经济全球化是时代潮流、大势所趋，那这些国家为什么还要逆潮流而动、开历史倒车？这种转变背后有着极其复杂的成因，既与经济全球化的负面效应有关，也与全球经济增长动力不足、全球治理体系滞后等有关；既有经济变化的原因，也有政治操弄的影响。

经济全球化在给世界经济提供巨大动力和活力的同时，也确实带来和放大了一些问题。不仅对发展中国家是这样，对西方发达国家同样如此。冷战结束后，随着国际分工的日益深入发展，一些西方国家占据了国际产业链大多数产业的高端部分，并将大量制造业向劳动力廉价的发展中国家转移。这些西方国家从中获取巨大利益的同时，也出现了国内产业空心化、就业不足、经济结构失衡等问题，加剧了原本存在的贫富差距、社会撕裂等矛盾。近年来世界经济处于下行期，全球经济“蛋糕”不易做大甚至变小，一些西方国家增长和分配、资本和劳动、效率和公平等方面的矛盾更加突出。这些经济社会方面的矛盾和压力，与难民潮、非法移民、恐怖袭击等问题交织叠加，严重冲击着一些西方国家的社会秩序，部分民众将矛头和不满指向经济全球化，导致了民粹主义、狭隘民族主义等思潮的沉渣泛起，构成了一些西方国家这一波逆全球化思潮的民意基础。

这些问题的产生，综合来看是由一些西方国家奉行资本至上、社会制度不公、国内治理危机以及全球经济增长乏力、地区动荡外溢等造成的，不能简单归咎于经济全球化。比如，

美国“铁锈地带”

19世纪后期到20世纪初期，美国东北部——五大湖附近因为水运便利、矿产丰富，成为重工业中心，钢铁、玻璃、化工、伐木、采矿、铁路等行业纷纷兴起。然而自从美国大力发展以第三产业为主导的经济体系后，这些地区的重工业纷纷衰败，很多工厂被废弃，机器渐渐布满了铁锈，因此这一地区被称为“铁锈地带”。图为美国宾夕法尼亚州伯利恒的一座废弃钢铁厂。

有人宣称“全球自由贸易抢走了美国工人的饭碗”，实则是资本主义国家劳资矛盾激化、产业政策调整不到位、经济全球化红利分配不均、在世界经济中主导地位下降等的体现；导致难民潮的原因是战乱冲突，解决这一问题的出路是谋求和平、推动和解；国际金融危机也不是经济全球化的必然产物，而是金融资本过度逐利、金融监管严重缺失的结果。然而，面对国内的经济和社会危机，一些西方国家的政客试图搞内病外治、转嫁矛盾，不顾经济规律硬行推动产业回流，大肆对别国挑起贸易争端，高筑贸易壁垒，加征进口商品关税，人为斩断各国企业之间的互利合作关系，致使单边主义、保护主义滋长蔓延。

还要看到，逆全球化思潮的抬头上升，与少数国家企图维持其优势地位和当前全球经济治理体系失衡有关。少数西方国家曾长期依靠经济全球化掌控全球市场和世界经济，在世界范

美国“301 条款”

美国“301 条款”最早见于《1962 年贸易扩展法》，后经《1974 年贸易法》《1979 年贸易协定法》《1984 年贸易与关税法》，尤其是《1988 年综合贸易与竞争法》修改而成。美国依据“301 条款”对其他国家的贸易做法进行调查，并对其认为贸易做法“不合理”“不公平”的国家进行报复，从而维护美国在国际贸易中的利益。“301 条款”是美国政府惯用的一种单边贸易保护主义法律工具，以美国利益而非国际共识作为评判依据，历次“301 调查”都具有较强的主观性，调查结果往往难以服众。

围内攫取超额利润。近年来，新兴市场国家和发展中国家借助经济全球化呈现群体性崛起态势，对世界经济增长的贡献已超过 80%，特别是在新一轮科技革命和产业变革中大有“弯道超车”之势，而部分发达国家国内经济发展乏力疲软，陷入发展困境，两者形成了鲜明对比。与此同时，新兴经济体在全球经济治理上的话语权严重不足，核心利益和重大关切没有得到充分重视和保护，势必要求对现有全球经济治理体系进行改革，以更好体现代表性和包容性。少数国家出于维护自身利益和优势地位的考虑，想继续利用不合理的国际经济秩序攫取超额利润，于是大搞泛政治化和泛安全化，打造新兴技术围墙和科技封锁线，滥用政治法律手段保护本国优势产业和先进技术，干涉外商投资监管政策，实施所谓的“长臂管辖”，以“国家安全”之名行贸易保护主义之实，对全球产业链供应链的稳定造成了严重冲击。

逆全球化政策，不仅无益于当前世界经济问题的解决，还会降低全球资源配置效率，破坏全球市场的公平竞争秩序，加剧世界粮食、能源、资源等多重危机，激化社会矛盾，导致政治不稳定。国际货币基金组织的研究显示，如果任由全球经济碎片化继续，最终可能会使全球国内生产总值损失 7%，大致相当于法国和德国全年国内生产总值的总和。置身于经济全球化大潮，像鸵鸟一样把头埋在沙里假装视而不见，或像堂吉诃德一样挥舞长矛加以抵制，毫无疑问是可笑的，也是注定会失败的。

◇ 世界需要什么样的经济全球化

人类历史告诉我们，有问题并不可怕，可怕的是不敢直面问题，找不到解决问题的思路。面对经济全球化带来的问题和挑战，我们不能因噎废食，就此把经济全球化一棍子打死，而是要适应和引导好经济全球化，让其正面效应更多释放出来，尽力消解负面影响，更好惠及每个国家、每个民族。这才是我们对待经济全球化的正确态度，也是想真正解决问题的应有态度。

当前的逆全球化思潮启示人们，必须跳出以往经济全球化模式的窠臼，以一种新的理念来引领经济全球化进程。中国站在构建人类命运共同体的高度，鲜明提出全球发展倡议，倡导普惠包容的经济全球化，指出弱肉强食、赢者通吃是一条越走越窄的死胡同，包容普惠、互利共赢才是越走越宽的人间正道。这正是为纠治经济全球化积弊开出的一剂良方，必将推动经济全球化更有活力、更加公平、更可持续。

经济全球化应当是普惠的，要妥善解决好国家间和各国内部的发展失衡问题，力求让不同国家、不同阶层、不同人群都能共享经济全球化的好处。过去的经济全球化在普遍提升世界发展水平的同时，也造成了国家之间、群体之间贫富差距的拉大，这是一些发展中国家和西方发达国家部分民

雅万高铁让印度尼西亚迈入“高铁时代”

雅万高速铁路是一条连接印度尼西亚雅加达和万隆的高速铁路，是东南亚的第一条高速铁路，也是中国高铁全系统、全要素、全生产链走出国门的“第一单”。2016 年 1 月雅万高速铁路开工奠基，2023 年 3 月全线铺轨完成，同年 10 月开通运营。2024 年 10 月，雅万高铁正式开通运营满 1 年，累计发送旅客 579 万人次。图为印尼乘客在雅万高铁高速动车组前留影。

众反对经济全球化的重要原因。正如联合国前秘书长安南在《我们人民：面向 21 世纪的联合国》中所说：“很少有个人、团体或者政府反对全球化本身，他们反对的是全球化带来的悬殊差异。”近年来，全球南北差距、复苏分化、数字鸿沟等问题更加突出，发展失衡的背后是权利、机会、规则的不公平。中国积极倡导“义利相兼、以义为先”的新型义利观，主张“多予少取、先予后取、只予不取”，大家应该互利共赢、共同发展，而不是我多你少、你死我活；强调“大家好才是真的好”，而不是“你不在餐桌上，就在菜单上”。经济全球化要走向未来，就必须摒弃冷战思维、零和博弈的旧理念，拒绝以邻为壑、自私自利的偏狭之举，而要推动既充分又平衡的发展，保障各国平等发展的权利，在共同做大“蛋糕”的同时公平分好“蛋糕”，让各国人民共享经济全球化和

中老铁路绘就友谊与发展的璀璨画卷

中老铁路是首个以中方为主投资建设运营，全线采用中国技术标准、使用中国设备、与中国铁路网直接连通的国际铁路项目。截至 2024 年 12 月 2 日，中老铁路累计开行旅客列车超过 6 万列，发送旅客超 4300 万人次，其影响力更是跨越国界，吸引来自全球 100 个国家和地区的 25.2 万名旅客搭乘国际旅客列车跨境旅行，使得不同肤色、不同语言的人们相聚，共同感受着中老铁路带来的独特体验，真正实现了国际文化的交流与融合，为推动口岸经济繁荣、跨境旅游热络、人文交流深化注入强劲动力。图为“复兴号”列车通过中老铁路元江特大桥。

世界经济增长的成果。

经济全球化应当是包容的，要求同存异、聚同化异，支持各国走出符合自身国情的发展道路，携手开创全人类的共同发展。当今世界有 200 多个国家和地区，其历史文化、社会制度、发展道路不尽相同，经济发展模式自然不可能整齐划一、千篇一律。当前，少数国家以意识形态划线、以自身利益为重，大搞各种名义的封闭排他、恶性竞争，形成针对特定国家的阵营化和小圈子，动辄“使绊子”“举棒子”，人为造成全球经济相互隔离甚至隔绝，这只能把世界推向分裂和对抗。中国有着“和而不同”“有容乃大”“天下一家”的文化传统，始终强调在实现本国发展“自转”的同时推动世界经济“公转”，坚持拆墙而不筑墙、开放而不隔绝、融合而不脱钩，不断扩大各方利益汇合点。中国对各国发展成就都乐见其成并真心点赞，从不觊觎和抱怨他人从中国发展中得到的机遇，而是主动欢迎各国人民搭乘中国发展的“快车”“便车”。

中国不仅是普惠包容全球化的积极倡导者，更是坚定的行动派。以共建“一带一路”为例，经过10余年的发展，打造了一个个“国家地标”“民生工程”“合作丰碑”，为世界经济发展、共建国家经济社会建设注入了强劲动力。2023年世界银行研究报告显示，共建“一带一路”倡议实施以来，仅通过基础设施建设，就使全球贸易成本降低1.8%，推动全球收入增加0.7%—2.9%。在马达加斯加，连接首都塔那那利佛和马哈扎扎镇的公路正式通车，当地养殖户再也不用担心运输途中鸡蛋大量破损，他们将这条路亲切地称作“鸡蛋路”；在菲律宾，中国杂交

马达加斯加“鸡蛋路”建设前后对比

水稻商业化推广面积达22.65万公顷，惠及大量当地农户；在巴布亚新几内亚，中国援助的先进医疗健康中心的运行，让当地多年的梦想成真……中国言行一致，用实际行动彰显着中国“努力不让任何一个国家掉队”的责任担当。

◇ 中国开放的大门越开越大

开放带来进步、封闭必然落后，这是人类历史的深刻启示，也是中国发展进步的重要经验。改革开放以来，我们坚持对外开放基本国策，打开国门搞建设，实现了从封闭半封闭到全方位开放的伟大历史转折。面对逆全球化的“涡流”，中国没有选择以封闭对抗封闭，没有关上开放的大门，而是实行更大范围、更高水平的开放，推动中国开放的大门越开越大。

中国不断放宽优化过境免签政策

2023年12月以来，中国在已有免签政策的基础上，陆续扩大了免签的范围和时限。2024年12月17日，国家移民管理局宣布，即日起将过境免签外国人在境内停留时间由原72小时和144小时均延长为240小时（10天），新增21个口岸至60个为过境免签人员入出境口岸，过境免签的外国人可以在24个省（区、市）允许停留活动区域内跨省域旅行。2024年前三季度，中国各口岸入境外国人818.6万人次，同比上升48.8%，其中通过免签入境488.5万人次，同比上升78.6%，“China Travel”成为了国际热词。

开放也是改革，只有开放的中国，才会成为现代的中国。以开放促改革、促发展是我国现代化建设不断取得新成就的重要法宝。开放与改革两者相辅相成、相互促进。改革到位了，开放能力才更强，开放空间才更大；开放扩大了，改革动力才更足，改革效果才更好。党的二十届三中全会对完善高水平对外开放体制机制作出系统部署，明确提出坚持以开放促改革，建设更高水平开放型经济新体制，为实施更大范围、更宽领域、更深层次的对外开放指明了前进方向。

稳步扩大制度型开放。相比于要素流动型开放，制度型开放以规则、规制、管理、标准开放为主，具有全面、系统、稳定特征，是一种更高层次、更高水平的开放。扩大制度型开放，一方面要主动对接国际高标准经贸规则，在产权保护、产业补贴、环境标准、劳动保护、政府采购、电子商务、金融领域等方面，实现规则、规制、管理、标准相通相容。另一方面

我国放宽外资准入推动负面清单持续“瘦身”

为扩大高水平对外开放，建设市场化、法治化、国际化一流营商环境，我国不断放宽外资准入，2017—2021 年连续 5 年修订全国和自贸试验区外资准入负面清单，两个清单的限制措施分别由 93 条、122 条缩减至 31 条、27 条，在制造业、采矿业、农业、金融业等领域推出了一系列重大开放措施。2024 年 9 月，国家发展改革委、商务部发布了新版负面清单，全国外资准入负面清单的限制措施由 31 条缩减至 29 条，制造业领域外资准入限制措施全面取消，为跨国公司在中国发展提供更广阔空间。

要积极参与国际规则制定，积极参与全球经济治理体系改革，维护以世界贸易组织为核心的多边贸易体制权威性，扩大面向全球的高标准自由贸易区网络，进一步推动经济全球化朝着更加普惠包容的方向发展。

深化外贸体制改革。在经济全球化时代，贸易的重要性超过历史上任何时期。我们要进一步提升国际分工地位，向全球价值链中高端迈进，就必须积极应对贸易数字化、绿色化趋势，深化外贸体制改革，打造贸易强国制度支撑和政策支持体系。贸易强国有三大支柱，分别是货物贸易、服务贸易、数字贸易。在货物贸易方面，积极拓展中间品贸易、绿色贸易等新增长点，营造有利于新业态新模式发展的制度环境；在服务贸易方面，全面实施跨境服务贸易负面清单，推进服务业扩大开放综合试点示范；在数字贸易方面，加快贸易全链条数字化赋

中国跨境电商开启“加速跑”

跨境电商已成为全球经济发展新亮点。中国跨境电商发展迅速，2023 年出口总额超过 1.8 万亿元、增长 19.6%，跨境电商主体已超 10 万家，建设独立站已超 20 万个，出口涵盖从服饰鞋包、玩具家纺到电子数码、智能家居等大部分“中国制造”和“中国智造”的优势产品。图为第四届中国跨境电商交易会会场。

能，推进跨境电商综合试验区建设。

深化外商投资和对外投资管理体制改革。曾有人抛出这样一个问题："中国经过高速发展之后，下一个'中国'在什么地方？"有专业人士分析后得出结论："如果你在寻求增长，答案非常简单。下一个'中国'，还是中国。"我们有这样的信心，因为我们有营造市场化、法治化、国际化一流营商环境的决心，有依法保护外商投资权益的恒心。按照党的二十届三中全会的部署，我们将通过扩大鼓励外商投资产业目录，深化外商投资促进体制机制改革，完善境外人员入境居住、医疗、支付等生活便利制度，完善促进和保障对外投资体制机制等一系列措施，做好负面清单的"减法"、优化营商环境的"加法"，

投洽会打造"投资中国"品牌

2024年9月8日，第二十四届中国国际投资贸易洽谈会在福建省厦门市开幕。大会以"投资链接世界"为主题，展览总面积12万平方米，共有119个国家和地区的客商参会参展。投洽会是我国最重要的以国际投资为主题的展会，将成为新时代中国高水平对外开放的重要窗口，以及投资中国、服务高质量共建"一带一路"、促进中国对外投资的优质平台。图为第二十四届中国国际投资贸易洽谈会中心展区。

让外资企业与中国市场更好实现“双向奔赴”，让“投资中国”的品牌更加闪亮。

优化区域开放布局。我国幅员辽阔、人口众多，各地区自然资源禀赋差别之大在世界上是少有的，不同区域开放的基础条件和区位优势存在明显差异。因此，必须培育和发挥区域比较优势，更好发挥开放对区域经济发展的促进作用，加快形成陆海内外联动、东西双向互济的全面开放格局。要优化区域开放功能分工，打造形态多样的开放高地，健全香港、澳门在国家对外开放中更好发挥作用机制，完善促进两岸经济文化交流合作制度和政策。要实施自贸试验区提升战略，鼓励首创性、集成式探索，推动全产业链创新发展，加快建设海南自由贸易港，深入推进贸易投资自由化便利化。

中国国际进口博览会为世界提供新机遇

中国国际进口博览会，这一由习近平总书记亲自谋划、亲自部署、亲自推动的世界上首个以进口为主题的国家级展会，已成为举世瞩目的贸易盛会、开放合作的重要平台、全球共享的国际公共产品。近年来，尽管单边主义、保护主义抬头，经济全球化遭遇逆流，但中国办好进博会的决心坚定不移，扩大高水平对外开放的决心坚定不移，同世界分享发展机遇的决心坚定不移，维护和引领经济全球化的决心坚定不移。图为观展者“打卡”第六届中国国际进口博览会中国馆。

高质量共建“一带一路”。“一带一路”缘何受到各方瞩目、得到普遍欢迎？就是因为其契合了经济全球化的历史大势，是推动实现全球经济大融合、发展大联动、成果大共享的康庄大道。从亚欧大陆到非洲、美洲、大洋洲，无论什么样的政治体制、历史文化、宗教信仰、意识形态、发展阶段，只要有共同发展的意愿都可以参与其中。下一步，我们将继续实施“一带一路”科技创新行动计划，加强绿色发展、数字经济、人工智能、能源、税收、金融、减灾等领域的多边合作平台建设，完善陆海天网一体化布局，构建“一带一路”立体互联互通网络，统筹推进重大标志性工程和“小而美”民生项目，持之以恒把“一带一路”打造成造福各方、惠及世界的“幸福路”。

“顺理而举易为力，背时而动难为功。”一个国家、一个民族要振兴，就必须在历史前进的逻辑中前进、在时代发展的潮流中发展。毫无疑问，经济全球化现在是、将来依然是历史发展的潮流，这不是以人的意志为转移的。面对逆全球化的回头浪，我们必须保持清醒的头脑、强大的定力，坚定不移坚持经济全球化正确方向，坚定不移扩大对外开放，不断拓展中国式现代化的战略空间，不断在惠己达人中推动世界经济更好发展。

后　记

参加本书起草和修改工作的有：张首映、郭广银、李文阁、双传学、何亦农、曹建文、张垚、赵义良、张明明、李玉举、张源、吴强、彭国华、喻立平、贺祖斌、邢云文、韩宪洲、钟慧容、刘光明、张际、刘伟、胡前安、王建平、高天琼、熊卫松、郑毅、向征、王文起、杨守征、庞珊珊、张高胜、杨洪源、韩蒙、韩骁、胡海忠、陈光金、邹宇春、陈满琪、丁晓钦、陶文昭、周家彬、常培育、唐珏岚、李鲁、张明、蒋伏心、陈燕儿、刘爱河、朱兵、杨建军、程京武、雷江梅、张含、任鹏、余振、黎海华、陈有勇、雷化雨、吴功铭、梅声洪、王海涛、孙林、张友军、吴俊、陈新剑、严星、陈璐、冷兰兰、熊文景、陈培浩、李琦、陈谦、张瑜、陈巧泉、李念、孙君镕、陈瑶、韩翌旸、李倩、韩祥宇、沈阳泰、周湘宁、丁馨等同志。谢祥、施善亮、孙闻达、李紫宸、孙润南、于忠玄同志自始至终参加了调研、起草、修改和统稿工作。陈启清、何成同志主持本书的编写工作。

本书在编写过程中，得到了中央有关单位负责同志和理论界专家学者的大力支持，田培炎、李文堂、黄一兵、马宏伟、甄占民、江小涓、蔡昉、韩庆祥、赵振华、田嵩燕、张宇、薄洁萍、史育龙、辛向阳、张志强、强世功、沈传亮、沈壮海、周晓虹、王博、冯仕政、杨耕、洪俊杰、颜晓峰、杨雪冬、秦宣、姚远、胡淼森等同志提出了宝贵意见。洪大用同志审改了全部书稿。

编　者

2024年12月

图书在版编目（CIP）数据

强信心　促发展 ： 理论热点面对面 / 中共中央宣传部理论局编. -- 北京 ： 学习出版社 ： 人民出版社, 2024. 12. -- ISBN 978-7-5147-1312-1

Ⅰ. D229

中国国家版本馆CIP数据核字第2024UX8025号

强信心　促发展——理论热点面对面

QIANGXINXIN CUFAZHAN——LILUN REDIAN MIANDUIMIAN

中共中央宣传部理论局

责任编辑：边　极　任　民
技术编辑：纪　边
装帧设计：映　谷
封面设计：谭国剑

出版发行：学习出版社　人民出版社
北京市崇外大街 11 号新成文化大厦 B 座 11 层（100062）
010-66063020　010-66061634　010-66061646
网　　址：http://www.xuexiph.cn
经　　销：新华书店
印　　刷：河北鹏润印刷有限公司

开　　本：710 毫米 ×1000 毫米　1/16
印　　张：12
字　　数：114 千字
版次印次：2024 年 12 月第 1 版　2024 年 12 月第 1 次印刷

书　　号：ISBN 978-7-5147-1312-1
定　　价：26.80 元